本专著获得国家自然科学基金（62072163）、湖北省教育厅科学技术研究项目（B2018130）资助

突发事件下应急任务规划优化方法及其应用研究

TUFA SHIJIAN XIA YINGJI RENWU GUIHUA

YOUHUA FANGFA JIQI YINGYONG YANJIU

李明磊　著

中国社会出版社

国家一级出版社·全国百佳图书出版单位

图书在版编目（CIP）数据

突发事件下应急任务规划优化方法及其应用研究／
李明磊著．—北京：中国社会出版社，2021.11
ISBN 978-7-5087-6645-4

Ⅰ．①突…　Ⅱ．①李…　Ⅲ．①突发事件－应急对策－
研究　Ⅳ．① D035.29

中国版本图书馆 CIP 数据核字 (2021) 第 229934 号

出 版 人：浦善新	终 审 人：李　浩
责任编辑：陈　琛	策划编辑：金　伟
责任校对：卢光花	封面设计：贝壳学术

出版发行　中国社会出版社　　　　　　地　　　址：北京市西城区二龙路甲 33 号
邮政编码：100032　　　　　　　　　　编 辑 部：(010)58124836
网　　　址：shcbs.mca.gov.cn　　　　发 行 部：(010)58124864；58124836
　　　　　　　　　　　　　　　　　　经　　　销：新华书店

印刷装订：河北鑫兆源印刷有限公司　　开　　本：170 mm×240 mm　1/16
印　　张：7.75　　　　　　　　　　　字　　数：121 千字
版　　次：2021 年 11 月第 1 版　　　　印　　次：2021 年 11 月第 1 次印刷
定　　价：65.00 元

中国社会出版社微信公众号　　　　　　中国社会出版社天猫旗舰店

目　录

第1章

绪　论

突发事件是指造成或者可能造成严重社会危害，需要采取应急处置措施予以应对的自然灾害、事故灾难、公共卫生事件和社会安全事件[1]。随着社会的发展，人类面临越来越多对社会影响巨大的突发事件，并且这些突发事件的发生呈上升趋势。突发事件难以预料，影响范围巨大，同时具有较强的危害衍生性，应急决策部门也缺乏对这类事件的应对经验，往往会给国民经济和人民生活带来较大的威胁和负面影响[2]。突发事件应急决策是应对突发事件的关键，决策的科学性和有效性会直接影响到突发事件的演变。在突发事件应急决策过程中，突发事件应急任务规划又处于一个关键位置，它用于生成应急行动方案对突发事件进行应急处置。本章从突发事件出发，探讨突发事件的特点、突发事件应急响应的过程等，以及基于智能规划的突发事件应急任务规划等，然后分析当前突发事件应急任务规划问题面临的新挑战。

1.1　突发事件

1.1.1　突发事件的典型案例

我国《国家突发公共事件总体应急预案》将突发事件分为 4 类：公共卫生事件、社会安全事件、事故灾难事件和自然灾害事件。近几年，我国各类突发事件频发，为突发事件应急决策带来很大的挑战。下面介绍几种典型的突发事件。

2019 年末突如其来的新冠肺炎（COVID-19）疫情是一个典型的突发公共卫

生事件。COVID-19 是一种由新型冠状病毒感染导致的肺炎，以发热、干咳和乏力等为主要表现，严重患者会快速进展为急性呼吸窘迫综合征、脓毒症休克、难以纠正的代谢性酸中毒和出凝血功能障碍及多器官功能衰竭等。COVID-19 传染性极强，迅速演变为全球大流行病，截至 2021 年 7 月底，全球已有累计确诊病例近 2 亿例，死亡病例超过 4,000,000 例。COVID-19 已经被认为是第二次世界大战结束以来最严重的全球公共卫生突发事件[3]。目前，我国的新冠疫情已经得到有效控制，但是 COVID-19 仍然在全球某些国家和地区肆虐，给人类社会带来重大损失和深远的影响。

近几年发生的多起小学伤人事件是典型的突发社会安全事件。近年来，在全国各地陆续发生了多起在小学的针对学生的伤人事件，这些事件中的犯罪分子和受害的学生一般并无矛盾，因此犯罪分子的伤人行为很难预测。同时这类突发社会安全事件针对的是小学生这样的弱小群体，往往会造成十分严重的后果。

"6·13"十堰燃气爆炸事故是一个典型的突发事故灾难事件。2021 年 6 月 13 日早晨，十堰市张湾区艳湖社区集贸市场附近铺设在负一层河道中的燃气管道因严重锈蚀造成破损，从而发生泄漏，泄漏的天然气在密闭空间不断聚集，并向集贸市场一楼、二楼扩散，达到爆炸极限后，遇到火源引起爆炸。该次爆炸造成 41 厂菜市场被炸毁，以及 26 人死亡、上百人受伤的严重后果。经查，事故原因还涉及现场应急处置不当等问题。

由于全球变暖等各种因素，近年来极端天气增多，许多城市都遇到暴雨而引发的自然灾害。如：2012 年的"7·21"北京特大暴雨，北京及其周边地区遭遇了强暴雨和洪涝灾害，造成 79 人死亡、160 余万人受灾，以及上百亿元的经济损失；2016 年 7 月初，武汉连续多日下暴雨造成严重的城市内涝，被戏称为"看海"；2021 年"7·20"郑州特大暴雨，2021 年 7 月中下旬，河南北部连续多日出现强降雨，特别是 7 月 20 日下午郑州更是出现罕见的持续性强降水，累计平均降水量达到 449 毫米，造成地铁被淹等严重事故。截至 7 月底，此次河南省的暴雨已造成 50 多人死亡、多人失踪、灾民超过 900 万人。

1.1.2 突发事件的特点

根据以上的突发事件典型案例可以发现，突发事件具有突发性、危害性、紧迫性、不确定性和复杂性等特点[4]。

（1）突发性：突发事件的发生时间、发生地点和发生后的演变往往是难以预料的，事件发生之前的征兆很少，也通常超出人们的预料，例如 COVID-19 新冠疫情和小学伤人事件等。突发性导致人们对突发事件的准备不充分，很难对其进行快速有效的应对，这增加了应急决策者对突发事件的判断、控制和处置的难度。

（2）危害性：突发事件具有巨大的危害性，给人民的生命财产、国家和社会带来严重的危害，轻则造成严重的经济损失，重则还会导致大量的人员伤亡。同时，突发事件的危害往往具有社会性，受害人员不是单个人而是多人，危害也会随着突发事件的演变扩大而导致新的更加广泛的危害，甚至在突发事件结束之后危害仍在继续。例如，COVID-19 新冠疫情已经造成全球超过 4,000,000 人的死亡，给全球贸易带来难以估量的损失。

（3）紧迫性：突发事件突然发生且迅速发展，进程极快，从预兆、萌芽、发生、发展，到高潮，周期非常短暂。虽然突发事件早期会由一系列小事件逐渐发展而来，有一个量变过程，但事件一旦发生质变而爆发，其破坏性能量就会被迅速释放，且快速蔓延，突发事件应急响应的时机稍纵即逝，但是如果不及时采取应对措施，很有可能会演化为更严重的突发事件，带来更加严重的危害。

（4）不确定性：突发事件是小概率事件，甚至是之前从未发生的事件，人们对其研究不足。很多突发事件的发生和发展机理不清楚，演化规律不明确，事件的发展趋势难以预料。这些不确定性增加了应急决策的难度和风险。

（5）复杂性：突发事件的起因复杂，往往存在多种因素相互交织。同时突发事件并不是静止的，它会蔓延和演化，导致"涟漪反应""连锁反应"和"裂变反应"等多种反应。例如：城市内涝可能导致居民区停电停水，进而导致群众生活困难等；城市内涝也会导致交通阻断，为应急抢险带来困难；城市内涝还有可能使某些工业原料进水而导致爆炸等。

1.2　突发事件应急响应

突发事件应急响应是应对突发事件的关键，应急处置措施会直接影响突发事件的演变。如图 1-1 所示,突发事件应急响应主要包括应急态势感知、应急任务制定、应急行动方案制订和行动方案执行 4 个阶段。首先,在突发事件发生或出现某种征兆时,尽快收集突发事件相关信息的应急态势,包括有关应急环境、应急资源和突发事件现场等信息,并分析和预测突发事件的发展趋势;其次,根据应急领域知识、相关案例和应急决策专家的意见,明确突发事件应急决策问题,然后制定出急需完成的应急目标任务;再次,针对应急目标任务制订出有效的合理的应急行动方案:充分利用一切有利资源,借助应急领域知识和应急决策专家的知识等,制订出人员救援、资源调度和险情处置等应急任务的应急行动方案;最后,组织实施所制订的应急行动方案,跟踪检验执行效果,纠正应急行动方案制订的偏差,直到完成整个突发事件应急响应工作。在这个过程中,应急行动方案制订处于承前启后的关键位置。应急任务的制订是为应急行动方案的制订做准备,也是制订出合理的应急行动方案的依据,而应急行动方案实施的前提是制订出合理的应急行动方案,从某种程度上来说,应急行动方案制订阶段的成败直接影响到该次突发事件应急响应决策的效果。

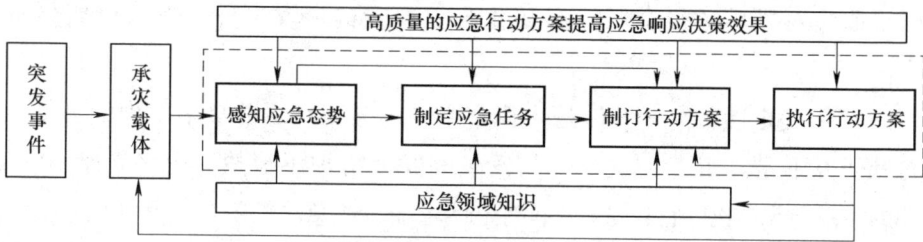

图 1-1　突发事件应急响应决策过程模型[4]

概括起来,突发事件应急响应决策过程包括应急态势感知、应急任务目标识别、应急行动方案制订和应急行动方案执行等。

(1) 应急态势感知:应急响应决策过程开始于信息获取、收集、整理、分析和预测突发事件、承灾载体、应急组织及资源等相关信息,包括突发事件的位置、程度、规模和复杂性,承灾载体的当前状态,应急组织及其所有资源的状态,以及态势发展的趋势。应急态势感知是开展应急响应决策工作的前提和基础。

（2）应急任务目标识别：应急决策实体根据应急态势和应急领域知识，在各自任务目标的基础上，通过协商形成应急组织认可的任务目标集合，确定任务目标的优先级。应急任务目标决定了应急组织的行动方向，引导应急行动方案的制订。应急任务目标识别过程中应当重点考虑应急响应的时限条件和资源的约束条件。

（3）应急行动方案制订：为了完成应急任务目标，根据应急态势、应急管理规章制度、标准化操作程序和专家经验知识等，应急决策实体制订能够落实到各应急执行实体的操作层面的行动方案，描述了各具体任务的执行单位、执行时间和资源等。由于应急响应决策具有时效性，一般来说希望能尽快得到一个可行的应急行动方案，但如果响应时间允许，更希望在可行方案的基础上能够获得更好的应急行动方案。

（4）应急行动方案执行：应急决策实体将制订的应急行动方案作为应急指令进行签署和发布，并监督应急执行实体执行相关应急行动。应急行动执行过程具有动态性和不确定性，需要对执行情况进行跟踪评估并反馈到应急决策实体。另外，应急行动方案的执行将作用于承灾载体，引起应急态势的变化，应急决策实体需要适时调整或重新制订应急行动方案。

其中，用于进行应急行动方案制订的应急任务规划是应急响应决策过程的核心环节。它涉及的应急组织众多、应急任务错综复杂、应急态势动态变化、资源种类繁多、应急领域知识不完备，且需要考虑时限性条件。因此，应急行动方案制订是一个典型的复杂非结构化决策问题。对于这类问题，无法完全采用数学建模和优化方法，主要原因：其一，难以事先确定并描述每个具体的应急行动，无法建立数学模型；其二，应急响应决策中往往存在信息缺失和传递失真现象，导致难以获取模型所需的准确数据；其三，应急态势的动态变化要求对数学模型进行适时调整，难以适应应急响应快速决策的需求。另外，在应急管理实践中，应急预案、应急管理规章制度、标准化操作程序、案例以及专家经验是应急行动方案制订的主要依据。因此，需要研究利用领域知识制订应急行动方案的方法，具体来说，以应急态势、任务目标和领域知识作为输入，考虑应急响应决策的特征和方案执行过程中的动态性及不确定性，生成具体的应急行动方案。

1.3 层次任务规划方法

应急响应是应对处置突发事件的关键，应急处置措施正确与否直接影响突发事件的演变，而应急行动方案制订是应急响应中的一个核心和关键阶段[5-6]。应急行动方案制订[7-8]研究的核心是突发事件发生后应急决策者如何快速有效地组织有关部门、调动各类资源、制订行动方案，然后有效开展应急处置措施。为了对应急行动方案进行制订，研究者提出很多突发事件应急任务规划方法。其中，基于层次任务网络（Hierarchy Task Network，HTN）[9-11]规划的应急行动方案制订得到很多的关注和研究[4]。

在人工智能领域，智能规划（Intelligence Planning）是关于动作的推理，是一种抽象的、清晰的深思熟虑过程，这个过程通过预期动作的期望效果，选择和组织一组动作来实现和完成一些预先给定的任务[12-13]。HTN 规划则是智能规划中最重要的一个分支。HTN 规划的基本思想最初是 Sacerdoti 于 20 世纪 70 年代提出并发展起来的[14]；Tate 于 1977 年设计的规划系统 Nonlin 是最早使用 HTN 规划基本思想设计的规划器[15]；Erol 对 HTN 规划进行深入的理论研究，分析了HTN 规划的复杂性[16]，并设计了第一个能够通过数理逻辑证明可靠性和完备性的 HTN 规划系统 UMCP[17]；Tsuneto[18]等在 1998 年分析了采用外部前提条件方式的优点，它能够在不破坏模型完整性的情况下提高实际应用的效率，为 HTN规划器的设计提供了坚实的理论基础。在这些研究的基础上，研究人员已经开发了多个 HTN 规划器，如 Nonlin[19]、SIPE- 2[20]、O- Plan2[21]、SIADEX[22] 和SHOP2[23]等。HTN 规划的应用领域已经涵盖了航天器规划和调度[24]、生产管理[25]、WEB 服务[26]和自动机器人[27]等。

一个 HTN 规划问题[12]是一个 4 元组，$P = (s_0, T, O, M)$。其中，s_0是规划问题的初始状态，使用一阶逻辑来表示；T是规划问题的初始任务网络，是规划问题的解（方案）需要完成的任务集合，在 HTN 规划中，任务分为原子任务和复合任务两种；O是规划问题的操作符集合，操作符能够实例化为动作，说明了原子任务执行需要的前提条件以及执行后产生的效果；M是规划问题的方法集合，方法则是HTN 规划所独有的一个元素，它说明了 HTN 规划中复合任务在不同前提条件下可能的分解途径。操作符集合 O 和方法集合 M 构成了这个规划问题的规划领域 D。

HTN 的规划过程是不断地使用方法将复合任务分解为较小的任务，直到将所有的复合任务分解为能够直接通过操作符进行实例化为动作的原子任务为止，最终得到一个能够完成所有初始任务的动作序列，即一个方案。HTN 的一个分解过程如图 1-2 所示［图中实线矩形表示复合任务，椭圆形表示方法（箭头指向复合任务分解后获得的子任务），虚线矩形表示原子任务（即可被操作符实例化的动作）］。HTN 规划问题的初始任务 Emergency_rescue（Local_A）表示为对 Local_A 地区进行应急抢险的任务，这个复合任务可以使用一个方法（m1）分解为两个子任务 Transport（Local_A，Rs，Ws）和 Rescue（Local_A）。Transport（Local_A，Rs，Ws）表示将应急物资和应急工作人员运输到 Local_A 地，Rescue（Local_A）表示对 Local_A 地实施应急抢险。Transport（Local_A，Rs，Ws）可以使用两个方法（m2 和 m3）进行分解，如果 Local_A 地已经有足够的应急物资和应急工作人员，则使用 m2 进行分解，分解的结果为一个空动作，即不执行任何行动；否则使用方法 m3 进行分解，分解的结果为 Transport（Local_A，Rs）、Transport（Local_A，Ws）和 Transport（Local_A，Rs，Ws），Transport（Local_A，Rs）和 Transport（Local_A，Ws）分别表示向 Local_A 地运输的应急物资和应急工作人员，Transport（Local_A，Rs，Ws）则是递归地检查 Local_A 的应急物资和应急工作人员是否足够。Transport（Local_A，Rs）又可以被 m4 分解为将卡车移动到应急物资所在地 Local_B 并装载［Move（Truck，Local_B）］和将卡车移到应急物资需求地 Local_A［Move（Truck，Local_A）］两个原子任务。Transport（Local_A，Ws）可以被 m5 分解为将客车移动到应急工作人员所在地 Local_C 并搭乘［Move（Coach，Local_C）］和将应急工作人员转运到抢险目的地 Local_A［Move（Coach，Local_A）］两个原子任务。对 Local_A 地实施应急抢险的复合任务 Rescue（Local_A）共有两个方法（m6 和 m7）可以使用，如果 Local_A 地区的险情已经排除，则使用方法 m6，得到一个空动作，不需要执行任何应急行动；否则使用方法 m7 进行分解，获得三个子任务 Ensure（Local_A）、Rescue（Local_A）和 Rescue（Local_A），其中 Ensure（Local_A）和 Rescue（Local_A）是两个原子任务，分别表示对 Local_A 地区进行安全保障和应急抢险行动，Rescue（Local_A）则是递归地检测 Local_A 地区的抢险任务是否完成。

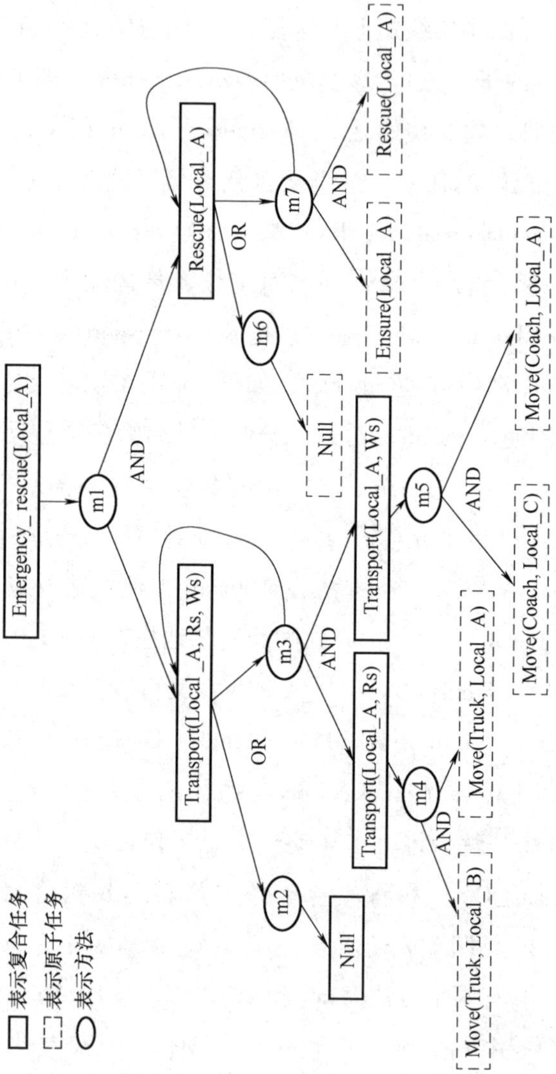

图 1 - 2　HTN 规划过程示意图

一个突发事件应急任务规划问题可以建模为一个 HTN 规划问题[28]：当前的应急态势可以对应于 HTN 规划问题的初始状态 s_0；应急任务可以表示为 HTN 规划问题的初始任务集合 T；HTN 规划问题的操作符集合 O 是可以用于制订应急行动方案中应急行动的抽象，HTN 规划问题的方法集合 M 则可以通过应急领域知识以及应急决策专家的相关经验转化得到。相应地，HTN 规划问题的一个解（由一系列动作组成的方案）即是这个应急行动方案制订问题的一个可行的应急行动方案。在应急领域知识的帮助下，HTN 规划方法能够快速生成可行的行动方案，从而满足突发事件应急响应需要快速制订出应急行动方案的需求。HTN规划基于分层分解思想进行动作推理，能够有效模拟决策者的认知过程，在任务分解的过程中能够很好地描述和利用领域知识，能够用以建模和求解大规模决策问题，这种思想与应急行动方案制订决策问题相一致，能够有效辅助应急管理人员根据复杂应急态势规划制订应急行动方案，科学有效地开展应急响应工作。使用 HTN 规划求解应急任务规划问题的主要特点有[4,29]：

1）HTN 规划具有较强的表达能力，能够对应急行动方案制订问题进行有效的知识建模和表示；

2）HTN 规划求解过程具有目标导向的特征，将问题求解过程分解为确定目标的完成途径和选择实现目标的最佳方法两个相对独立的子过程，与决策者进行应急行动方案制订的思考过程具有相似性；

3）HTN 规划过程生成的分层任务网络表达了目标与子目标之间的分解关系，提供了应急行动方案制订过程中涉及的决策点及其上下文信息，反映了具有层次性的应急行动方案制订过程；

4）HTN 规划中使用了方法集合，可以利用方法模型描述应急领域的过程性知识，表达不同应急态势条件下完成给定应急任务的多种途径，将已有的经验和知识很好地表示和利用，从而提高规划的速度以及应急响应决策的速度。

1.4 突发事件应急决策中的优化问题

在实际的突发事件应急响应决策中，应急行动方案的质量对应急响应的效果有很大的影响，因此在应急行动方案的制订过程中还必须要考虑到对应急行动方案的优化。例如，应急行动方案制订问题中存在很多时态偏好，决策者希望获得能够尽量满足这些时态偏好的高质量的应急行动方案；对于应急行动方案执行过程中经常遇到的时态异常，还需要生成高质量的带时间柔性的方案来应对；一些情况下对应急行动方案的评价还涉及方案的多个性能指标，此时需要对应急行动方案进行多个目标的优化。

为此，本书针对突发事件应急响应决策中应急行动方案制订的几种情况，研究不同情况下对应急行动方案的评价，并设计相应的 HTN 应急任务规划方法，为应急决策者生成高质量的应急行动方案，从而为更加科学有效地应对突发事件提供理论和实验依据。具体包括：

（1）处理应急行动方案制订问题中的时态偏好。时态偏好反映了应急决策者对应急行动方案的时态约束中时态变量被赋予不同值的偏好程度，也是衡量一个应急行动方案质量的重要指标。时态偏好广泛存在于很多实际应急行动方案制订问题中，而传统的 HTN 规划方法只能生成一个满足时态约束的可行的应急行动方案，而无法获得满足决策者各种时态偏好的方案。因此，研究考虑时态偏好的 HTN 应急任务规划方法，处理应急响应决策中存在的时态偏好，可以为应急决策者提供高质量的满足时态偏好的应急行动方案，从而为提高应急响应决策效果提供参考和依据。

（2）考虑时间柔性的应急行动方案的制订方法。在应急行动方案的执行过程中，经常会遇到时态异常而导致应急行动方案无法顺利执行。传统的处理方法只是针对方案进行调整，而没有考虑原始应急行动方案本身的特征。带有较大时间柔性的应急行动方案可以更加有效地应对方案执行过程中遇到的时态异常。因此，研究考虑时间柔性应急行动方案制订方法，从而减少方案执行过程中遇到时态异常时的重规划次数，有利于提高应急响应决策效率和提高应急响应决策系统对环境动态性的适应能力。

（3）研究对应急行动方案进行多目标优化的 HTN 规划方法。在许多应急行动方案制订问题中，对应急行动方案的评价经常要考虑方案的多个性能指标，如：应急行动方案的执行时间、应急行动方案的成本和应急行动方案的执行风险等。这些指标往往是相互矛盾和不一致的，单个指标的优化会导致其他指标的劣化。因此，研究对应急行动方案进行多目标优化的 HTN 应急任务规划方法，从而获得多个性能指标都占优的高质量的应急行动方案，为实际中需要考虑多目标优化的应急行动方案制订问题提供了解决途径，为应急决策者更加科学有效地开展应急响应提供决策依据。

1.5 本书内容及结构

突发事件应急任务规划在突发事件应急响应决策中处于核心位置，其生成的应急行动方案质量的优劣直接影响到突发事件应急响应的效果。本书以基于 HTN 的应急任务规划方法为基础，针对突发事件应急响应中几个急需提供应急行动方案的场景，设计能够生成高质量的应急行动方案的 HTN 应急任务规划方法，从而使 HTN 规划方法能够更好地服务于突发事件应急决策。

本书的基本结构如下：第 2 章分析几种常见的突发事件应急任务规划方法及其特点，指出基于 HTN 的应急任务规划方法的优点和存在的不足；第 3 章分析突发事件应急响应中的时态偏好问题，并设计能够生成高质量的满足决策中时态偏好的 HTN 应急任务规划方法；第 4 章讨论面对突发事件应急响应中方案执行异常的情况，生成高质量的柔性应急行动方案的 HTN 应急任务规划方法；第 5 章和第 6 章围绕突发事件应急响应中对应急行动方案需要从多个指标考虑质量的需求，分别设计多目标优化的 HTN 应急任务规划方法；第 7 章介绍突发事件应急响应模拟决策系统，分析如何将本书的理论成果应用于实际的突发事件应急响应中。

第 2 章

突发事件应急任务规划方法

针对突发事件应急响应的应急任务规划是一个复杂的决策问题。突发事件往往是毫无征兆地突然发生，并且给当地社会和人民带来严重的危害，同时突发事件发生的原理和演化趋势通常是未知的。但是，突发事件应急响应又需要在短时间内快速地制订出合理的应急行动方案，这些给突发事件应急任务规划带来很大的困难。

传统的应急行动方案制订方法往往需要大量应急专家的参与，然而现实中高水平的应急专家是十分紧缺的。此外，传统的应急行动方案制订方法通常要借助于已有的突发事件应对案例和经验，针对从未遇到过的突发事件难以制订出合理的应急行动方案。HTN 应急任务规划方法是近几年兴起的一种方法，它能够有效模拟决策者的认知过程，在任务分解的过程中能够很好地描述和利用领域知识，能够用以建模和求解复杂的大规模决策问题，有效辅助应急管理人员根据复杂应急态势规划制订应急行动方案，开展应急响应工作。

本章首先对突发事件应急任务规划问题梳理和界定，分析突发事件应急任务规划问题的特点；其次，介绍几类传统的突发事件应急任务规划方法和基于HTN 的应急任务规划方法；最后，分析不同突发事件应急任务规划方法的特点，指出基于 HTN 的突发事件应急任务规划方法的优势和发展潜力。

2.1 突发事件应急任务规划问题

突发事件应急任务规划问题是一个复杂的决策问题，它需要基于当前突发事件的应急态势和已经制定好的应急任务（集合），根据相关应急领域知识，给参与的应急响应部门和人员分配相应的应急行动，为了能够顺利完成应急任务，还需要给应急行动分配合理的应急资源和应急时间。突发事件应急任务规划问题的具体定义如下：

定义 2.1（应急任务规划问题）一个应急任务规划问题（Emergency Action Plan Making，EAPM）是一个 4 元组：$EAPM = (ESituation，ETasks，EDomain，EPlanMetric)$。其中：

● $ESituation$ 是这个应急行动方案制订问题的初始状态，代表应急决策者获知的当前突发事件的应急态势，包括但不限于突发事件本身的信息［如突发事件名称、发生时间、发生原因、事件级别和发生地点（行政区域）等］、突发事件发展趋势分析、突发事件造成的损失等一系列有助于突发事件应急响应决策的信息；

● $ETasks$ 是一个应急任务（集合），说明这个应急行动方案制订问题应该完成的任务。$ETasks$ 是应急决策者根据 $ESituation$ 和应急相关领域知识来制定的；

● $EDomain$ 是应急领域知识，说明了这个应急行动方案制订问题所需要的相关领域知识，包括但不限于参与该次突发事件应急响应决策的应急部门和相关人员、可以为该次突发事件应急响应执行的应急行动、为该次突发事件应急响应准备的各类应急资源，以及应急任务和应急行动相互之间的时态约束信息等；

● $EPlanMetric$ 是一个评价函数，用来评价求解这个应急行动方案制订问题的解的质量。

突发事件应急任务规划问题的核心是应急行动方案制订，目标是为突发事件应急响应制订一个合理的应急行动方案。

定义 2.2（应急行动方案）应急行动方案（Emergency Action Plan，EAPlan）是一个 4 元组：$EAPlan = (Action，Depart，Resource，Term)$。其中：

● $Action = (a_1，a_2，\cdots，a_n)$ 是指这个应急行动方案中包含的应急行动序列，其中每个应急动作 a_i 又具体说明了执行这个应急动作所需要的前提条件和执行了这个动作后产生的应急效果；

- $Depart = \{(a_i \leftarrow d_i\}$ 是指参与执行这个应急行动方案的应急部门和相关应急人员，说明了应急部门 d_i 对应急行动 a_i 负责；

- $Resource = \{(a_i \leftarrow r_j)\}$ 说明了执行这个应急行动方案所需要的应急资源，包括应急人力资源、消耗性应急物资资源、可重用性应急物资资源等，具体来说，$Resource$ 中的元素 $a_i \leftarrow r_j$ 表示了应急行动 a_i 在执行过程中需要使用应急资源 r_j；

- $Term = \{(a_i, S_i, E_i), 0 < i < n\}$ 是指这个应急行动方案中应急行动执行的时间，对于应急行动 a_i 来说，说明其开始执行的时间为 S_i，执行结束时间为 E_i。

应急行动方案主要由一系列的应急行动组成，并说明对这些应急行动负责的相关应急部门，以及执行这些应急行动的具体时间和所需要的应急资源等。

突发事件应急任务规划主要面临的是具有突发性、危害性、紧迫性、不确定性和复杂性等特点[4]的突发事件。因此，突发事件应急任务规划问题和一般的决策问题相比，主要具有如下的特点：

1）突发事件应急任务规划问题往往面临的是崭新的问题：突发事件属于小概率事件，随机和未知因素比一般的事件更加繁多，决策环境始终在迅速变化，往往无法预知，甚至超出常规想象[30]，可见，应急行动方案制订往往面临的是从未遇到的新的决策问题，应急决策者以往的决策经验难以奏效，所设想的应对方法也往往无法使用；

2）突发事件应急任务规划问题具有决策时间紧迫和决策压力大的特点：突发事件爆发后，需要尽快地进行应急响应决策，在较短的时间内制订出应急行动方案，快速对突发事件进行应对，与此同时，突发事件往往具有衍生灾害，如果没有科学有效地应对，当前的突发事件会演化为更加复杂的其他突发事件，造成更加严重的后果，这些给应急响应决策者带来巨大的心理压力；

3）突发事件应急任务规划问题往往是半结构化或者非结构化决策问题：应急行动方案制订针对的突发事件复杂多变，需要考虑的因素十分烦琐复杂，包括应急任务时态约束、应急资源紧缺、突发事件动态变化、应急决策者的各种偏好等众多因素，同时，应急行动方案制订问题还要面临决策信息不完全、不确定和不一致的情况[8]，决策过程比较复杂，缺乏通用的模型进行求解。

2.2　基于数学模型的应急任务规划方法

一些突发事件应急任务规划问题可以转化为经典的数学优化模型，并利用数学优化算法进行求解[31]。基于数学模型的应急任务规划方法的过程如图 2 - 1 所示，主要包括如下几个步骤。

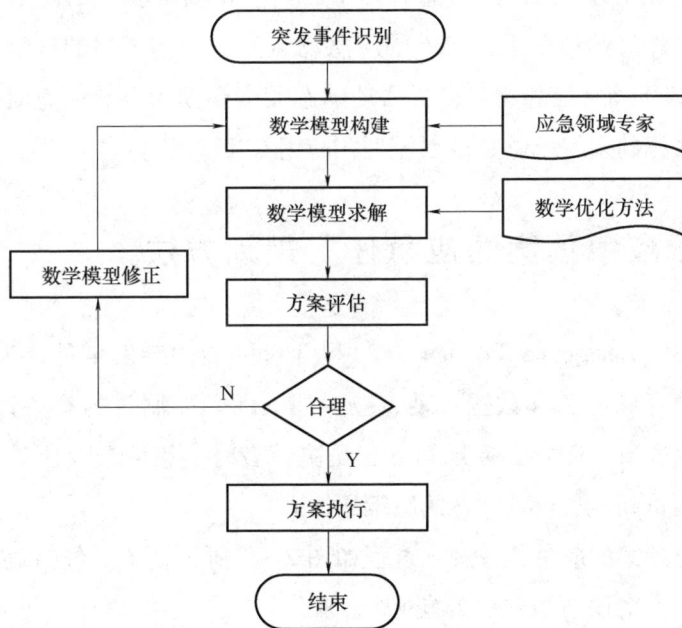

图 2 - 1　基于数学模型的应急任务规划过程

步骤 1　突发事件识别：在突发事件爆发后，对突发事件的态势进行识别，分析突发事件应急任务规划问题的问题类型和问题边界；

步骤 2　模型构建：根据应急任务规划问题的类型构建合适的数学模型，一般是数学优化模型；

步骤 3　模型求解：使用数学优化算法对模型进行求解，获得最优解或者满意解，然后根据这个数学解制订出应急行动方案；

步骤 4　方案评估与实施：对得到的应急行动方案进行评估，判断该应急行动方案是否合理以及对突发事件进行应急处置的可行性，如果发现该应急行动方案不可行，则对数学模型进行修正构建新的数学模型，直到获得可行的应急行动方案并且执行。

基于数学模型应急任务规划方法，可以充分利用现有的数学优化模型和算法来求解应急决策问题，是应用十分广泛的一种方法，主要用于处理特定的应急任务规划问题。例如：Haghani 将灾害救援中的大规模多品种多模式带时间窗网络流问题建模为数学模型，并使用启发式算法进行求解[32]；Sheu 提出了一种混合聚类模糊优化方法来应对应急管理中的紧急物流需求[33]；缪成研究大规模突发公共事件爆发的情况下，对不同应急物流问题构建不同的数学模型并进行优化求解[34]；王婧将应急物资多式联动动态调度建模为以总应急时间和应急成本最小化为目标的多目标整数规划模型并使用 CPLEX 进行求解[35]。

2.3 基于应急预案的应急任务规划方法

应急预案（Emergency Preplan）[1,36]是针对可能的突发事件，为保证迅速、有序、有效地开展应急和救援行动、减少损失而预先制订的有关计划和方案。基于预案的突发事件应急任务规划方法是决策者将决策问题及决策目标与预案相匹配，从而得到应急行动方案的决策方法。

基于应急预案的应急任务规划过程如图 2-2 所示，主要包括危机识别、预案匹配、备选方案评估和方案实施 4 个步骤。

步骤 1 危机识别：收集危机的状态特征信息，包括危机的类型特征信息、烈度信息、趋势信息和可能造成的影响信息等。危机决策者在危机情景分类知识的支持下对危机进行识别，识别的内容包括当前发生的危机类型，可能的发展趋势、可能的影响等。当危机超出了已知分类知识的范围，即人们从来没有见过的危机出现时，则需要进行人工干预，直接经过讨论协商后拟订备选方案；

步骤 2 预案匹配：决策者结合预期的决策目标与预案库中的预案和当前情况进行匹配。同一个危机可能有多个预案与之相匹配，被匹配的预案则作为备选方案。当预案库中找不到与决策问题相匹配的预案时，就需要在人工干预下对预案进行修改和调整，形成备选方案，最后得到的备选方案可能是多个预案的组合；

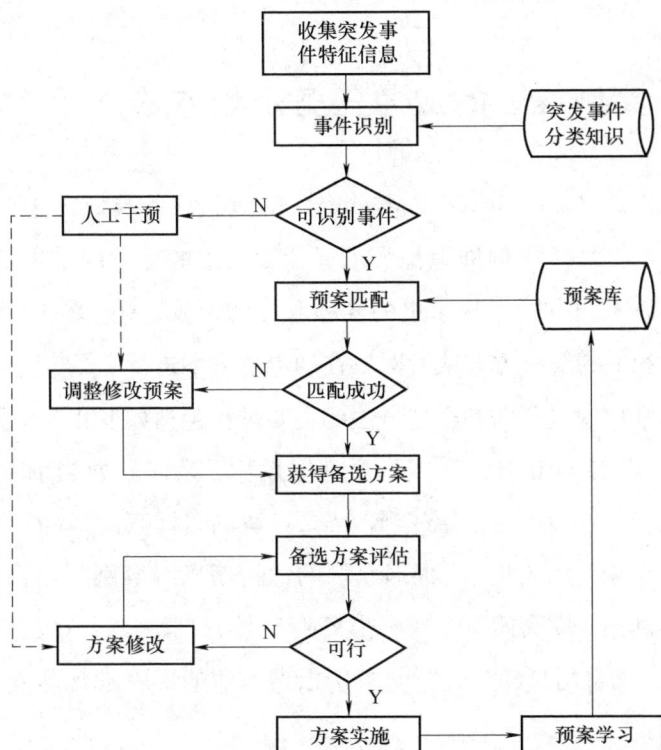

图 2 - 2　基于应急预案的应急任务规划过程

步骤 3　备选方案评估：经过对备选方案的评估选择最后的执行方案，如果备选方案不能满足要求，需要在人工干预的条件下对备选方案进行修改，直到满足要求为止；

步骤 4　方案实施：是对最后执行方案的具体落实和操作，如果该方案执行效果优良或者比较有价值，则将其存储在预案库以备后续使用。如果在方案实施过程中遇到新的突发事件，则开始新一轮的应急决策。

国外典型的基于应急预案的应急任务规划决策系统有：美国联邦应急管理署的"e-FEMA"战略、英国应急管理类系统 IEM[37] 和德国危机预防信息系统deNIS[38] 等。我国为建立国家应急预案框架体系，已经通过 1 部《国家突发公共事件总体应急预案》、26 件专项预案和 86 件部门预案，全国各地区、各部门、各基层单位共制定各类应急预案已经超过 150 万件。基于应急预案的应急任务规划方法主要应用于具体的领域，例如：突发公共卫生事件[39]、城市内涝[40]、石化企业生产事故[41]、水库大坝安全管理[42]等。

2.4 基于案例推理的应急任务规划方法

基于案例推理（Case-based Reasoning）的应急任务规划方法[43-44]是另一个应用较为广泛的方法。案例推理是人工智能领域中的一种问题求解方法，它类似于人类大脑思考的方式，从历史的经验和方法出发，用以往的问题匹配当前的问题，寻求相似的解决方案或者对以往的求解方案进行学习[45]。如图2-3所示，基于案例推理的应急任务规划方法的主要过程包括如下几个步骤。

步骤1 危机信息获取：在突发事件爆发后，及时获取当前危机的相关信息，对危机进行判断和评估，形成当前需要解决的目标案例；

步骤2 案例检索与匹配：根据获取的危机信息对案例库进行检索、匹配，得到与目标案例相似度高的一个或多个案例；

步骤3 方案重用与修改：对源案例根据当前的情况进行部分重用和修改，获得备选方案；

步骤4 方案评估：对备选方案进行评估，选择最后执行的方案，如果得不到可行的方案，则需要进行修正，直到得到可行的方案为止；

步骤5 方案实施：对得到的方案进行具体的落实，在决策方案的实施过程中，实施效果的反馈信息、危机事件演化出的新信息等会陆续产生，这些信息与原有信息的结合，将产生新的危机情景描述，构成新案例，决策者可以根据新的信息重新进行检索、推理和决策。

基于案例推理的应急决策方法能够有效地利用已有处理非常规突发事件的成功案例，经过应急专家的重用和修改对新的非常规突发事件进行决策，提高决策的时效性和合理性，已经在多个领域得到成功的应用。如：Chakraborty等使用案例推理技术制订森林火灾救援计划，取得了良好的效果[46]；Liu等运用案例推理提出一种应急资源需求的预测方法，为应急资源的储备和未来分配提供基础[47]；刘浠等将案例推理应用于城市火灾救援响应[48]；张丽圆等使用案例推理技术应用于煤矿瓦斯事故的应急行动方案制订中[49]。

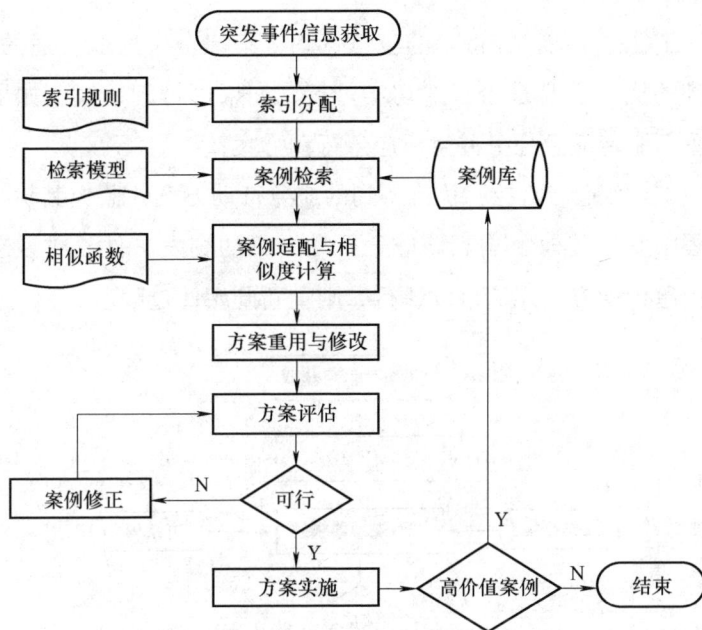

图 2 - 3　基于案例推理的应急任务规划过程

2.5　基于 HTN 的应急任务规划方法

基于 HTN 的应急任务规划方法是利用 HTN 规划强大的自动推理能力为突发事件应急决策快速生成应急行动方案的方法。如图 2 - 4 所示，基于 HTN 的应急任务规划方法的主要过程由以下 5 个步骤组成。

步骤 1　突发事件信息获取：在突发事件爆发后，及时获取当前突发事件的状态，包括突发事件的位置、类别、程度、规模、复杂性等，以及可支配的应急资源等状态信息；

步骤 2　应急任务的制定：根据当前状态和应急形势的要求以及相关的应急领域知识，应急决策者制定出需要完成的应急任务，以及对应急任务的相关要求等；

步骤 3　应急行动方案的生成：根据当前突发事件状态和制定的应急任务，使用 HTN 规划器获得应急行动方案，如果无法获得应急行动方案，则返回步骤

② 重新制定应急任务；

步骤4 方案的评估：在得到的应急行动方案集合中选取合适的执行方案，或者判断得到的执行方案是否真的切实可行，如果可行则继续，如果不可行则返回步骤②重新制定应急任务并生成应急行动方案；

步骤5 方案实施与监控：执行得到的应急行动方案并监控其执行情况，如果在执行过程中发生其他影响到该应急行动方案的突发事件，或者态势发生变化造成当前应急行动方案无法继续执行，则重新开始此过程。

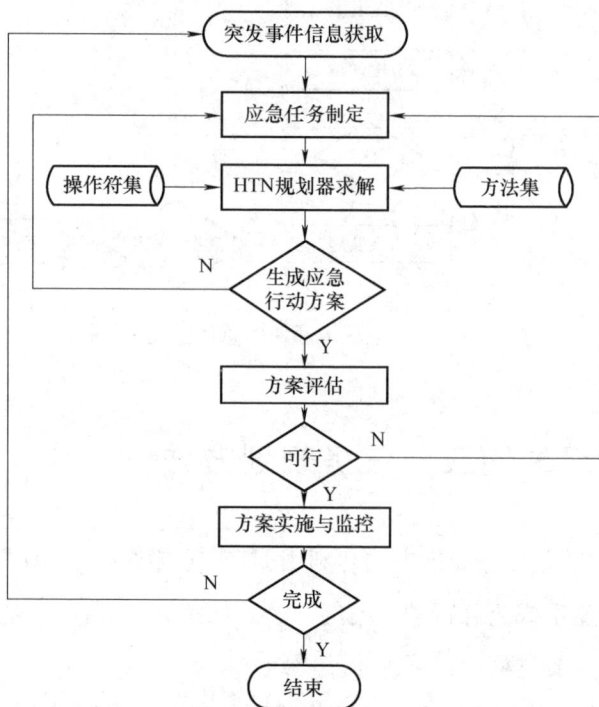

图2-4　基于HTN的应急任务规划方法的主要过程

HTN应急任务规划方法在国内外有很多研究成果。如：MUÑOZ等人针对产生式规划算法要求提供完备领域知识而实际应急决策的领域知识相对缺乏的特点，将HTN规划和案例推理方法相结合，提出了一种SiN方法[50]；美国海军研究实验室开发的分层交互式基于案例的规划体系结构（Hierarchical Interactive Case-Based Architecture for Planning，HICAP）[51]是将HTN规划器SHOP[52]与案例推理模块NaCoDAE[53]相互结合，用于生成危急情况下的人员疏散方案[50]；

美国海军研究实验室开发的用于活动检测的类比推理假设（Analogical Hypothesis Elaboration for Activity Detection，AHEAD）系统[54]是用于分解和评价恐怖威胁，它根据 HTN 的领域描述，调用 SHOP2 生成一定假设条件下的应急行动方案，然后 SHOP2 会将生成的应急行动方案与外部证据库中的信息进行比对，检验证据与 SHOP2 生成的行动是否吻合，从而判定危险程度；Asunción 等考虑应急行动方案制订过程中的定性时态约束提出一种时态 HTN 规划器 SIADEX，并用于应对森林火灾的应急决策系统[22]；Tecuci 等基于 HTN 规划模型设计应急决策支持系统 Disciple-VPT，它能够支持多部门协作进行应急行动方案制订[55]。国内，作者所在团队针对 HTN 应急任务规划方法做了大量工作，例如：唐攀等针对应急任务规划问题中存在大量复杂的时态约束，在 SHOP2 的基础上对 HTN 智能规划进行时态扩展，增强 HTN 规划对时态约束的表达和处理能力[56]；王喆等针对应急任务规划问题中存在大量不同种类的应急资源，设计资源增强型 HTN 规划方法，并使用应急物流案例验证方法的实用性[57]；周超等针对应急任务规划需要多部门协同决策和响应的特征，考虑多部门之间严格的时态约束，设计了多主体协作的 HTN 规划方法[58]；祁超等针对突发事件应急响应中同时要考虑时态约束和资源约束的情况，提出一种新的 HTN 规划方法：GSCCB-SHOP2[59]；刘典等针对突发事件应急任务规划中信息不完全的情况，设计一种能够处理初始信息不完全、不确定执行时间和并发执行的 HTN 规划方法：CTPU-HTN[60]。

2.6　不同应急任务规划方法的对比分析

基于数学模型、基于应急预案、基于范例推理和基于 HTN 智能规划的应急任务规划方法之间最大的不同是生成应急行动方案的技术不同，但都是实现突发事件应急决策科学化的有效途径，都符合识别事先判定（Recognition-Primed Decision，RPD）决策模式，符合人们认识问题、分析问题、解决问题的行为规律，均在一定程度上辅助决策者生成应急行动方案。缩短应急决策的时间：决策者无须在突发时间爆发后从头开始设计应急行动方案。而是可以通过已经开发好的应急决策信息系统利用已有的知识、信息进行计算机辅助决策，这样可以大大减少在突发事件爆发后的应急决策时间；增加应急决策的科学性：无论是预案还是范例还是在智能规划系统的操作集、方法集，都是非常规突发事件发生之前存在的或制定好的，有充足的时间对这些信息进行设计、优化、调整，形成比较科学完善的辅助决策知识，提高应急决策的科学性；减小决策者的心理压力：应急决策者在非常规突发事件爆发后通常处于高度紧张的状态，如果有这些辅助决策技术的存在，可以大大减少决策者的心理压力，有助于他们进行正确的决策。虽然这三种突发事件应急任务规划方法都可作为应对突发事件应急决策、生成应急行动方案的决策方法，但是由于突发事件的特殊性质以及不同方法之间的差异，它们在实际应用中还是存在各自的局限性。

对于基于数学模型的应急任务规划方法，主要依赖于数学模型和优化方法。只有一部分结构化的应急任务规划问题可以转化为数学模型并求解，而突发事件应急任务规划问题类型多样，其中存在大量涉及动作推理和时态约束等非结构化的、难以用传统数学方法建模的问题。这导致很多突发事件应急任务规划问题难以甚至无法建模为数学模型，使得基于数学模型的应急任务规划方法无法使用；同时，即使对于能够建模为数学模型的突发事件应急任务规划问题，也需要经验丰富的，同时具备专业应急知识和数学建模能力的领域专家来针对具体问题构建合适的数学模型，每一个突发事件应急任务规划问题都需要建立相应的数学模型，这需要大量经验丰富的应急领域专家参与其中。对于决策时间十分紧迫的突发事件应急决策来说，基于数学模型的应急任务规划方法存在适用性差和需要较多的应急领域专家等缺点。

对于基于应急预案的应急任务规划方法，决策的依据是应急预案，而预案的制定是比较困难的，由于自然、政治和社会条件差异的存在，针对某特定区域的应急预案往往无法应用到发生在其他区域的突发事件的应急决策中，而过于宽泛的应急预案又无法给出具体明确的解决方案。因此基于应急预案的应急任务规划方法，在应用于小范围的特定危机问题时，能够起到较好的作用；另外，应急预案的内容很难达到完备性，突发事件往往是一些难以想象到的事件，总有一些事件会超出事先准备的能力范围，存在没有制定相关预案的情况，这时基于应急预案的方法是不能够适用的；在基于应急预案的突发事件应急决策过程中，还需要应急管理专家以及问题领域专家的参与，在实际情况中，要么没有这类专家，要么十分稀缺，这就为这种方法的有效实施带来很多困难。

对于基于范例推理的应急任务规划方法来说，由于采用了范例匹配及相似度计算的方法，该方法在一定程度上避免了基于应急预案方法中预案局限性较大及预案匹配适用性分析较复杂的问题，直接利用历史相似范例的决策方案来为当前决策提供辅助。然而该方法依然存在一定的问题：首先，范例推理的核心是范例间的相似度计算，即从定量的角度来计算范例间的数学距离，范例匹配的过程中对噪声数据比较敏感，数据错误、数据冗余及数据缺失会对系统的检索效率及匹配结果产生很大的影响，突发事件决策时往往存在信息不完全、不确定的情况，为该方法的使用带来很大困难；其次，范例推理过程依赖于数值计算，在推理过程中无法将当前问题的特殊情况纳入考虑范围之内，有时会导致相似度较高范例的解决方案不适用于决策问题，而相似度较低的范例的解决方案能很好解决问题的情况；再次，基于范例推理的应急任务规划方法决策的依据是范例，这些范例是已经发生过的突发事件成功解决的案例，然而突发事件的发生多种多样，很多是从未发生过的，此时该方法就很难发挥出应有的效果；最后，基于范例推理的应急决策方法决策过程同样需要应急管理专家和领域专家的参与，为该方法的具体实施带来困难。

与基于数学模型、基于应急预案和基于范例推理等传统的应急任务规划方法相比，基于 HTN 规划的应急任务规划方法具有如下的特点（如表 2 - 1 所示）。

表 2 - 1 多种应急任务规划方法对比

	基于数学模型的应急任务规划方法	基于应急预案的应急任务规划方法	基于范例推理的应急任务规划方法	基于 HTN 规划的应急任务规划方法
适用范围	窄	窄	中	宽
灵活性	低	低	中	高
处理速度	快	慢	中	快
针对性	高	高	中	低
领域专家参与程度	中	高	高	低

1）HTN 应急任务规划方法不需要提供预先设计好突发事件爆发后的应对预案或已有类似突发事件的案例，而是依赖于可直接执行的应急动作进行决策，

对于一些从未预想到和没有范例参考的突发事件，仍然能够有效地制订出合理的应急行动方案；

2）HTN 应急任务规划方法的核心是 HTN 规划技术，和具体的突发事件种类相关度不大，可以方便地将已有的应急行动方案制订方法移植到其他应急响应决策系统中；

3）HTN 应急任务规划方法是利用 HTN 规划技术直接生成应急行动方案，无须进行数学建模、预案或案例匹配与修改，简化了应急行动方案制订过程，同时能够使用先进高效的智能规划技术，进一步缩短突发事件应急响应决策的时间；

4）HTN 应急任务规划方法中，应急行动方案的制订主要依靠应急领域知识，而应急领域知识可以由应急领域专家提供，也可从预案或案例中提取出来，从而能够有效地利用已有的应急决策知识；

5）传统的数学建模方法需要大量专家参与建模，基于预案和基于范例推理的应急行动方案制订方法在决策过程中同样需要领域相关专家参与，而 HTN 应急任务规划方法决策过程中基本上可以使用计算机技术自动完成，具备了更强的适应性，并且能够进一步减轻应急决策者的决策压力。

2.7 HTN 应急任务规划中优化问题

虽然 HTN 应急任务规划具有强大的知识表达能力和快速的规划搜索能力，能够适用于解决复杂的应急行动方案制订问题。然而，现有的 HTN 规划方法主要关注于如何快速生成可行的应急行动方案，而没有考虑到应急行动方案的质量。应急行动方案的质量直接影响到了突发事件应急响应的效果，低质量的应急行动方案不仅难以顺利完成当前的应急任务，也会给其他应急任务的执行带来麻烦。以下是几个典型的急需对应急行动方案进行优化的突发事件应急响应情景。

（1）考虑时态偏好：在很多应急任务规划问题中，应急决策者对其中的很多时态约束是带有偏好的。例如在应急物流任务规划问题中，应急决策者不仅希望应急抢险任务能够在某个时刻完成，还希望应急抢险任务完成得越早越好，此外，还希望应急物资能够尽量在应急工作人员到达之前到达指定地点，以便于更快地执行应急抢险任务。假设这些时态偏好使用偏好函数集合 $F = \{f_i(x_i)\}$ 来表示，对于一个应急行动方案 π，应急决策者对其的时态偏好可以使用 $\mu(\pi) = \min\{f_i(x_i)\}$（在方案 π 中时态变量 x_i 被赋值为 x_i）来表示，$\mu(\pi)$ 又称为方案 π 的偏好度。具备更高偏好度的应急行动方案能够更好地满足应急决策者的时态偏好，也是更高质量的应急行动方案。求解带时态偏好的应急行动方案制订问题不再是得到任意一个可行的应急行动方案，而是能够更好地满足应急决策者时态偏好的高质量的应急行动方案。

（2）考虑时间柔性：现有的 HTN 规划在生成应急行动方案时往往给应急行动分配一个固定的执行时间，而没有考虑到应急行动方案的时间柔性。通常的 HTN 应急任务规划方法生成的应急行动方案要求应急工作人员和应急物资在某个指定的时刻到达指定的地点，但实际突发事件应急环境是复杂多变的，有可能因为道路出现拥堵等原因造成应急工作人员或应急物资无法在原定的时间到达，那么这个应急行动方案就无法继续执行下去，传统的处理方法是重新生成一个应急行动方案来完成应急任务。但是，如果在应急行动方案制订中考虑了时间柔性，而不是给每个应急行动分配固定的时间，在遇到上述时态异常时，首先对应急行动方案进行调整，从而减少不必要的重规划，能够提高突发事件应急响应的效率。对于一个考虑时间柔性的应急行动方案（π，S）（其中，π 代表一系列的动作组合，S 代表 π 中动作之间的时态约束关系），可以使用时态约束 S 的柔性度[61]作为该应急行动方案的质量。柔性度越大的应急行动方案，其时态变量在赋值过程中具备较大的选取空间，从而能够更好地应对方案执行过程中遇到的时态异常。

（3）考虑多目标优化：在很多实际应急任务规划问题中，对应急行动方案的评价要涉及方案的多个性能指标，从而需要对应急行动方案进行多目标优化。例如：应急决策者往往希望所生成的应急行动方案能够使用更少的应急工作人员、耗费更少的应急物资、在尽量短的时间内完成应急抢险任务。此时，考虑多目标优化的应急行动方案制订问题还要加上对方案的优化目标函数，例如：（（：*metric minimize*（*makespan*））（：*metric minimize*（*cost*）））表示这个应急行动方案制订问题同时要求应急行动方案的执行时间和执行费用越小越好。但是，对于大部分应急行动方案来说，如果要求完成应急任务的时间最短，必然要投入更多的应急工作人员和应急物资、消耗掉大量的执行成本，如果要参与的应急工作人员较少，势必将延长应急抢险的执行时间。与此类似，在很多考虑多目标优化的应急行动方案制订问题中，目标之间通常是不一致和矛盾的。此时，求解带多目标优化的应急行动方案制订问题不再是获得一个最优解（无法同时满足所有目标），而是生成一个非支配应急行动方案集合供应急决策者从中选取。

2.8 本章小结

突发事件应急任务规划是突发事件应急响应决策的核心阶段，影响到整个突发事件应急响应的成败。本章从应急行动方案制订问题的概念出发，分析和讨论当前常见的几种突发事件应急任务规划方法的特点，指出基于 HTN 的突发事件应急任务规划方法的特点和相对于其他应急任务规划方法的优势。

虽然 HTN 智能规划方法已经成功应用于突发事件应急任务规划问题中，HTN 智能规划方法作为一种新兴的人工智能技术，还处于相对初级的阶段。为了更好地为突发事件应急决策服务，本书后续几章将在 HTN 智能规划方法的基础上，设计能够生成高质量应急行动方案的 HTN 应急任务规划方法。

第 3 章

处理时态偏好的应急任务规划方法

在应急行动方案制订中，决策者对应急行动方案的时态偏好[62-63]是最重要的偏好之一，也是衡量应急行动方案优劣的一个重要指标。具体来说，对于应急行动方案，决策者对其时态变量取不同的时间值的偏好是不一样的。如，宏观上，决策者希望某个应急任务能够在某些特定的时间段执行或者完成；微观上，决策者希望某些应急动作在某些特定的时间内执行或完成，以及相关的应急动作在一定的时态要求下执行，例如要求同一个需求地点的相关应急物资能够尽量在同一时间到达。相对于时态约束是应急行动方案中的硬约束，时态偏好则是软约束，即这些时态偏好约束可以在某种程度上不满足，如果满足了则会有相应的回报。因此，对于包含时态偏好的应急行动方案制订问题，存在多个满足时态约束硬约束的应急行动方案，需要从多个应急行动方案中寻找高质量的更好地满足决策者时态偏好软约束的方案。在应急行动方案制订问题中处理时态偏好面临很大的挑战，不仅要生成可行的应急行动方案，还要求这个应急行动方案能够最大化满足应急决策者在其时态上的偏好。

时态约束是很多实际规划问题的一个重要特征，对时态规划的研究从 20 世纪 90 年代就开始了，并且已经出现了许多时态规划器，例如：HSTS[64]、Zeno[65]、TGP[66]、LPG[67]和 TFD[68]等。时态偏好作为时态约束的一个重要特征也得到很多深入的研究，如：Khatib 等[69]对时态约束满足问题进行扩展，提出带偏好的时态约束满足问题，并使用半环（Semiring）来表示时态约束的偏好信息；Kumar 针对带偏好的简单时态问题提出一个多项式时间内的求解算法文献[70]。基于偏好的规划（Preference- Based Planning，PBP）[71-72]是智能规划中兴起的一个新课题。但是，将时态偏好和规划相结合则相对比较少见。最早的是 Haddawy 等[73]开发的规划器 Pyrrhus 开始研究规划中的时态偏好，Pyrrhus 定义了截止时间目标（Deadline goals），对于较晚实现目标的方案则给予一个较低的收益。在 2006 年的国际规划大赛中，规划领域定义语言 3（Planning Domain Definition Language 3，PDDL3）[74-75]在时态表达语言 PDDL2. 1 的基础上定义了定量的时态偏好。但是在当年的国际规划大赛（IPC-2006）中只有少量规划器支持处理时态偏好，例如：MIPS-XXL[76]和 SGPlan5[77]，同时它们只是将时态偏好作为一般的偏好进行处理，都无法应用于真正的时态规划领域[78]。Coles 等在 PDDL3 的基础上提出一个处理时态偏好的规划器 LPRPG-P[79]，LPRPG-P 将时态偏好表示为软截止时间（Soft Deadlines），即生成的方案可以推迟到截止时间之后结束，但会给予一个惩罚。另外，LPRPG-P 使用放松图的启发式搜索方法寻找满足时态约束的方案。PDDL3 能够描述离散的时态偏好信息（例如应急物资在某个时刻之后到达给予一个惩罚），而无法直接描述连续的时态偏好信息（例如应急物资到达得越晚给予的惩罚越大）。为了能够描述连续的时态偏好信息，Benton 等提出一种表述连续的时态偏好信息的函数[80]，例如使用（$increase$（$current-time$）（$*t1$））表示决策者对时间变量 $current-time$ 的偏好随着其取值的增加而增加，和 $current-time$ 被赋时间点的数值是一样的。针对 PDDL3 只能够表达决策者对达到规划目标的最终状态的偏好，Baier 等[81-82]使用时态扩展偏好（Temporally Extended Preferences，TEPs）来描述规划问题中的时态偏好。TEPs 能够表达决策者对完成规划目标的方案在执行过程中状态转换次序的偏好，例如，对一个轮班工作者在一周内连续加班不超过 2 次的偏好。然后，Baier 在规划器 TLPlan 的基础上，提出处理时态偏好的启发式搜索规划器 HPlanP，生成满足决策者偏好的方案文献[82]。以上的处理时态偏好的规划器是基于 STRIPS 的经典规划方法[12]，难以对应急行动方案制订问题中的持续性动作进行描述，更无法表达复杂的应急领域知识，无法应用于求解实际的应急行动方案制订问题。

目前，也存在一些能够处理规划问题中时态约束的 HTN 规划方法。如：SHOP2[23]使用多时间轴（Multi-Timeline Preprocessing，MTP）对动作的前后时间关系进行编码；SIADEX[83]使用简单时态网络（Simple Temporal Network，

STN）表示规划问题中的定性时态约束、定量时态约束、规划任务完成的截止期限等时态约束信息；XEPlanner[56] 对传统 HTN 问题进行扩展，使其能够在复合任务、原子任务中表示复杂的时态约束。但是，这些处理时态约束的 HTN 规划器主要考虑如何获得一个可行的方案，没有考虑生成满足决策者时态偏好的应急行动方案。

为了获得满足应急决策者时态偏好的应急行动方案，本章提出一个时态 HTN 应急任务规划方法（Temporal Preference HTN，TPHTN）来处理应急行动方案制订问题中的时态偏好信息。TPHTN 将简单时态网络（STN）扩展为带偏好的简单时态网络（STNP），用来表示应急行动方案制订问题中的时态约束以及时态约束的偏好信息；TPHTN 对传统 HTN 的领域知识进行扩展，使其能够表达规划领域中存在的时态偏好信息；在 TPHTN 的规划过程中，使用 STNP 的水平一致性来评估方案/部分方案上的 STNP 的质量，并以此设计启发式搜索规则来选择合适搜索方向，从而获得高质量的满足决策树时态偏好的应急行动方案。本章先介绍带时态偏好的规划问题，然后分析如何对传统 HTN 规划方法进行扩展，使其能够在领域知识中表达时态偏好信息，并且设计 TPHTN 的启发式搜索算法以寻找高质量的满足决策树时态偏好的应急行动方案，最后使用一组突发事件应急任务规划问题来验证本章方法的有效性和实用性。

3.1　带时态偏好的规划问题

考虑这样的应急任务规划问题。某地 G 地突然爆发了某自然灾害，应急管理部门发出命令：在 12AM 之前将应急物资和应急设备运输到 G 地。当前的状态是：应急运输队伍分别停留在 A、B 和 C 地，应急物资和设备分别存放在 C、D 和 E 地。各地的道路信息如图 3-1 所示。显然，这个应急任务规划问题存在多个可行的应急行动方案，其中有这样的两个应急行动方案：其一，在 plan1 中，应急物资在 10AM 时运输到 G 地，而应急设备在 12AM 运输到 G 地；其二，在 plan2 中，应急物资和应急设备都在 11AM 时运抵 G 地。为了便于应急处置和应急现场管理，决策者希望应急物资和应急设备最好能够同时到达。在实际应急过程中，plan1 和 plan2 虽然都可以完成将应急物资和设备按时运达的应急任务，但决策者更希望使用应急行动方案 plan2。

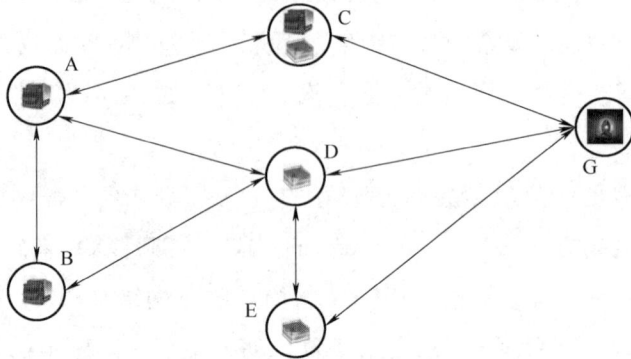

图 3 - 1　一个应急运输任务规划案例

传统的 HTN 规划问题无法描述上述应急行动方案制订案例中的时态偏好信息。因此，本章在传统 HTN 规划问题定义的基础上提出考虑时态偏好的 HTN 规划问题，即带时态偏好的 HTN 规划问题。

定义 3.1（带时态偏好的 HTN 规划问题）带时态偏好的 HTN 规划问题定义为一个 6 元组 $P^* = (s_0, T, O, M, S, F)$。其中 (s_0, T, O, M) 是一个传统 HTN 规划问题，S 是一个时态约束集合，用来表示初始任务集合 T 中的时态约束关系；F 是一个时态偏好函数集合，用来表示决策者对时态约束的偏好，具体来说，F 中的项 $f_{ij}(x)$ 表示决策者对于时态约束 $x_j - x_i$ 被分配为不同的值时的偏好程度。

定义 3.1 中的偏好函数不仅可以描述离散的偏好信息，还可以描述连续的偏好信息。我们将在本章 3.2.1 中详细介绍一些常见的时态偏好函数。

针对带时态偏好的 HTN 规划问题 P^* 中，首先要保证所生成的方案是可行的，同时，决策者对于这多个可行方案的偏好程度是不一样的，本章使用偏好度来衡量决策者对方案的时态偏好程度。

定义 3.2（方案的时态偏好度）$P^* = (s_0, T, O, M, C, F)$ 是一个带时态偏好的 HTN 规划问题，π 则是规划问题 $P = (s_0, T, O, M)$ 的一个方案，则对于 P^*，方案 π 的时态偏好度定义为：$\mu(\pi) = \min\{f_{ij}(x'_{ij})\}$，其中 π 中的时态变量 $x_j - x_i$ 被分配为 $\{x_j - x_i = x'_{ij}\}$。

方案的时态偏好度由这个方案中的时态约束偏好最低的那个来决定。我们使用应急行动方案的时态偏好度来衡量该应急行动方案的质量，应急行动方案的时态偏好度越高，决策者对该应急行动方案越满意。

3.2　带时态偏好信息的规划领域知识表示

为了在传统 HTN 规划中表示时态偏好信息，TPHTN 需要对传统 HTN 规划领域知识进行扩展，具体包括：带偏好的时态约束、带时态偏好的操作符和带时态偏好的扩展方法。

3.2.1　带偏好的时态约束

TPHTN 主要处理应急行动方案制订问题中的以下几种时态约束：

- 任务（包括复合任务和原子任务）之间的定性时态约束：两个任务之间 13 种定性约束[84]；
- 任务之间的定量时态约束：任务之间开始时间和结束时间的定量约束；
- 任务的定量时态约束：任务的执行时间是一个时间区间；
- 任务的截止时间：任务应该在一个指定的时间之前完成。

这些时态约束可以转换为定量的时态约束并使用简单时态网络（Simple Temporal Network，STN）[85-86]来表示。一个简单时态网络是一个 2 元组 (X, C)。其中 $X = \{x_0, x_1, \cdots, x_n\}$ 是一个时态变量集合（x_0是一个基准点）；C 是 X 中时态变量的时态约束集合，每个时态约束的形式为 $a_{ij} \leqslant x_j - x_i \leqslant b_{ij}$，又可以表示为一对时态变量 (x_i, x_j) 的取值范围为实数区间 $r_{ij} = [a_{ij}, b_{ij}]$。

STN 无法表示时态约束上的偏好信息，因此对 STN 进行扩展使其能够表示时态约束上的偏好信息。下面定义一个带偏好的简单时态网络。

定义 3.3（带偏好的简单时态网络）一个带偏好的简单时态网络（Simple Temporal Network with Preference，STNP）是一个 3 元组 (X, C, F)。其中，(X, C) 是一个简单时态网络 STN，F 是一个偏好函数集合，F 中的项表示为：$f_{ij}(x)$（$0 \leqslant f_{ij}(x) \leqslant 1$），它表达了决策者对时态变量 $x_j - x_i$ 被分配为 x 的时态偏好程度。决策者对时间变量分配值的时态偏好在 [0，1] 区间内的实数取值，取

1 表示决策者对当前时间变量分配值的时态偏好满意度最大；反之，取 0 则表示决策者对当前时间变量分配值的时态偏好满意度最小。

常见的时态偏好函数实例如图 3 - 2 所示。一般的时态偏好函数如图 3 - 2 (1) 所示，决策者最希望时态变量被分配的值在区间 $[T_3, T_4]$ 内（偏好程度为 1），而对于区间 $[T_1, T_3]$，决策者的偏好从 0 到 1 线性递增，对于区间 $[T_4, T_2]$，决策者的偏好则是从 1 到 0 线性递减。另外三种时态偏好函数的变种如图 3 - 2 (2)、图 3 - 2 (3) 和图 3 - 2 (4) 所示。TPHTN 中为了方便地表达时态偏好信息，基于一般的时态偏好函数，将时态偏好信息使用一个 4 元组来表示。对于一个时态变量，使用 4 元组 $[(T_1, \mu_1), (T_3, \mu_3), (T_4, \mu_4), (T_2, \mu_2)]$ 表示决策者对这个时态变量在区间 $[T_1, T_2]$ 被分配变量的偏好程度。具体来说，决策者对这个时态变量在区间 $[T_1, T_3]$ 取值的偏好从 μ_1 到 μ_3 之间线性变化，其余的区间也类似。例如，图 3 - 2 (1) 中的时态偏好函数可以表示为 $[(T_1, 0), (T_3, 1), (T_4, 1), (T_2, 0)]$；图 3 - 2 (2) 中的时态偏好函数可以表示为 $[(T_1, 0.5), (T_3, 1), (T_4, 1), (T_2, 0)]$；图 3 - 2 (3) 中的时态偏好函数可以表示为 $[(T_1, 0), (T_3, 1), (T_2, 1), (T_2, 1)]$；图 3 - 2 (4) 中的时态偏好函数可以表示为 $[(T_1, 1), (T_1, 1), (T_2, 1), (T_2, 1)]$。

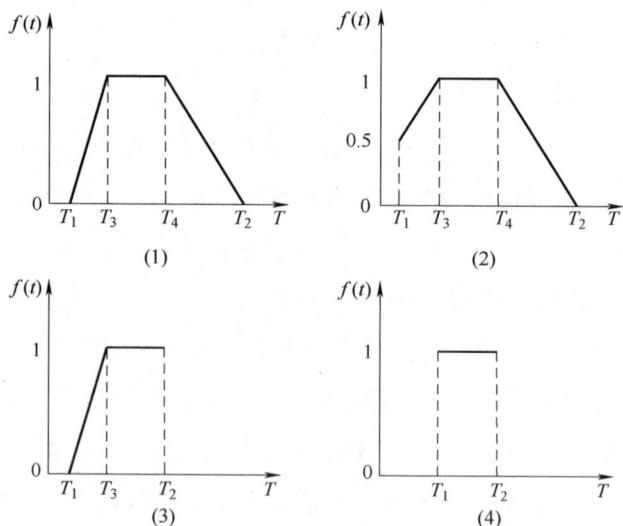

图 3 - 2　几种时态偏好函数实例

3.2.2　带时态偏好的操作符

TPHTN 中的操作符是一个具有时间持续性的操作符[87]，并且标记有相关的时态偏好约束，即带时态偏好的操作符。

定义 3.4（带时态偏好的操作符）带时态偏好的操作符表达为一个 10 元组（：$operator\ Head$，$Con_{\vdash}$，$Con_{\leftrightarrow}$，$Con_{\dashv}$，$Del_{\vdash}$，$Add_{\vdash}$，$Con_{\dashv}$，$Del_{\dashv}$，$Add_{\dashv}$，Δ）。其中：

- $Head$（操作符的头）是一个原子任务（如，以感叹号开始的任务符号表示这个任务是原子任务）；

- $Con_{\vdash}$，$Con_{\leftrightarrow}$，$Con_{\dashv}$（操作符的条件）是一阶逻辑表达式；

- $Del_{\vdash}$，$Del_{\dashv}$（操作符的删除列表）是每个项都是逻辑原子的列表；

- $Add_{\vdash}$，$Add_{\dashv}$（操作符的添加列表）和 $Del_{\vdash}$，$Del_{\dashv}$ 一样是逻辑原子的列表；

- Δ（操作符的时态约束）是一个如本章 3.2.1 所描述的带偏好信息的时态约束集合。

元组中：$operator$ 标记出这个元组是一个操作符；$Con_{\vdash}$，$Con_{\leftrightarrow}$，$Con_{\dashv}$ 分别表示这个操作符实例化后的动作需要在开始执行时、执行过程中和执行结束时满足的文字集合；$Del_{\vdash}$，$Del_{\dashv}$ 分别表示动作执行开始时和结束时的删除效果；$Add_{\vdash}$，$Add_{\dashv}$ 分别表示动作在执行时和结束时的添加效果；最后一项 Δ 表示这个动作相关的带偏好信息的时态约束信息。

TPHTN 中带时态偏好的操作符的一个例子如图 3 - 3 所示。它表示将一辆货车从某地驾驶到另一个地方，它在开始执行时要满足的瞬时条件（车辆在出发地，车辆有足够的燃油以及出发点和目的地之间有道路相连），在执行过程中要满足的持续条件（一直有驾驶员驾驶车辆），在结束时要满足的结束条件（目的地准备好该车辆的到来）。当这个操作符的动作开始执行时，它的开始瞬时删除效果是车辆离开出发地，开始瞬时添加效果是车辆在两地的道路上。当这个操作符的动作执行结束时，它的结束添加效果为车辆到达目的地，结束删除效果为车辆不在道路上。这个操作符的时态约束条件是持续执行时间应该在 4 到 10，考虑到车辆速度过快会导致不安全，而车辆速度过慢容易影响其他任务的执行，决策者最希望这个操作符的动作的执行时间在 6 到 7（此时决策者对其的偏好度为 1），而对于执行时间在 4 和 6 之间的偏好度从 0 到 1 线性递增，执行时间在 7 和 10 之间的偏好度则从 1 到 0 线性递减。

```
( :operator
//操作符的头
(drive ?truck ?loc-from ?loc-to)
//瞬时前提条件
((at ?truck ?loc-from) (fuel ?truck ?fuel) (> ?fuel 0)
(road ?loc-from ?loc-to ?road))
//持续前提条件
((on ?driver ?truck))
//结束前提条件
(ready ?loc-to)
//瞬时删除效果
((at ?truck ?loc-from))
//瞬时添加效果
((on ?truck ?road))
//结束删除效果
((on ?truck ?road))
//结束添加效果
((at ?truck ?loc-to))
//带偏好的时态约束
((4< end-start <10, ((4,0), (6,1), (7,1), (10,0))))
```

图 3 – 3　带时态偏好的操作符实例

3.2.3　带时态偏好的方法

TPHTN 中的方法不仅表示了对复合任务的分解方法，也表明了任务分解后子任务之间带偏好的时态约束信息，是一个带时态偏好的方法。

定义 3.5（带时态偏好的方法）TPHTN 的方法是一个 5 元组：（：*method* *Head*，*Con*，*TaskList*，Δ）。其中：：*method* 标记出这个元组是一个方法；*Head* 是方法的头，标注一个复合任务；*Con* 是一个逻辑集合；*TaskList* 是一个任务列表；Δ 是带偏好函数的时态约束集合，在时态约束中，*TaskList* 中 t_i 的开始时间用 $start@i$ 表示，t_i 的结束时间用 $end@i$ 表示。元组中的：*method* 标记出这个元组是一个方法；*Head* 是一个复合任务，表示可以使用该方法对这个复合任务进行分解；*Con* 表示这个方法使用时应该满足的条件；*TaskList* 表示使用该方法对复合任务分解后产生的子任务集合；Δ 则表示 *TaskList* 中子任务之间带偏好的时态约束集合，这些带偏好信息的时态约束也如本章 3.2.1 所示。

　　TPHTN 中的一个方法实例如图 3 – 4 所示。该实例表示一个应急运输策略，该方法可以将复合任务"运输一批货物"分解为多个子任务。在前提条件都满足的情况下，经过这个方法，复合任务"运输一批货物"可以被分解为 4 个子任务：车辆加油、准备运输、装载货物和将货物运输到目的地。决策者希望在货物装载后尽快地执行运输任务。详细的带偏好的时态约束如图 3 –4 所示。

```
(:method
//方法的头
(transport ?cargo ?loc-from ?loc-to)
//前提条件
((at ?truck ?loc-from)
   (at ?cargo ?loc-from)
   (free ?driver))
//子任务列表
(:ordered
   (:unordered
      (refuel ?truck)
      (prepare ?driver))
   (board ?truck ?cargo)
   (driver ?truck ?loc-from ?loc-to))
//带偏好的时态约束
((0 < end@1 - end@2 < 2, ((0,0), (0,1),(1,1),(2,0))
   (0 < start@3 - end2 < 2, ((0,0), (0,1),(1,1),(2,0))
   (0 < start@4 - end3 < 1, ((0,0), (0,1),(0.5,1),(1,0)))
)
```

图 3 – 4　带时态偏好的方法实例

3.3　处理时态偏好的应急任务规划算法

　　本部分介绍在 HTN 规划过程中处理时态偏好信息的应急任务规划算法：TPHTN。在 TPHTN 规划算法中，使用 STNP 来表示规划中带偏好的时态约束信息。STNP 首先被初始化为规划问题初始任务的带偏好的时态约束，然后随着规划过程进行自上而下的传播和更新，具体来说，当使用一个操作符应用于一个原子任务时，将这个操作符中相关的带偏好的时态约束加入当前的 STNP 中；当使用一个方法对一个复合任务进行分解时，将复合任务中相关的带偏好的时态约束通过类似层次资源约束传播[57]的规则传递到其子任务中，并且将方法中定义的子任务相关的带偏好的时态约束添加到当前的 STNP 中。在使用方案的偏好度来衡量方案质量的时候，一个方案的偏好度取决于该方案相关的 STNP。因此，为了使 TPHTN 能够生成高质量的应急行动方案，设计了一种基于 STNP 的启发式搜索算法。TPHTN 的算法的基本框架如图 3 – 5 所示。在 TPHTN 的规划过程中，使用 3 种水平一致性用来估计 STNP 的质量（本章 3.3.1 将给出这 3 种水平一致性的定义），TPHTN 则根据方法和操作符相关的 STNP 的质量来选择规划搜索方向（本章 3.3.2 中将详细介绍这一过程）。当一个完整的方案生成时，也会得到这个方案相关的 STNP。此时，该 STNP 是一个约束满足优化问题[88-89]。对这个约束满足优化问题 STNP 进行求解，从而得到一个满足决策者时态偏好的方案。

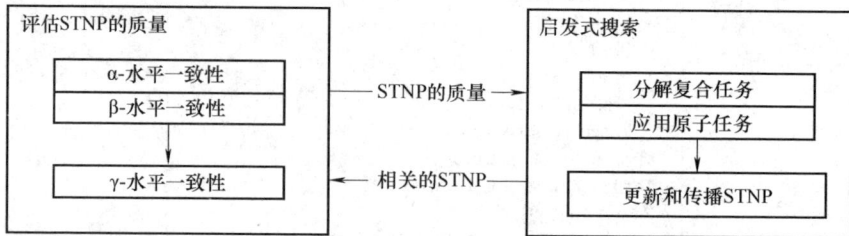

图 3 – 5　TPHTN 规划算法的基本框架

3.3.1　STNP 的水平一致性

传统的 STN 的一致性检验算法用于评估 STN 的可行性。为了评估 STNP 的质量，本节提出 3 种 STNP 水平一致性的概念。

定义 3.6（α-水平一致性）一个带偏好的简单时态网络 $STNP(X, C, F)$，假设 $STN(X, C)$ 的最小网络[85]为 (X, C')，其中 C' 中的项为 $a'_{ij} \leqslant x_j - x_i \leqslant b'_{ij}$，$(X, C, F)$ 的 α- 水平一致性定义为：

$$\alpha = \min_{0 \leqslant i,j \leqslant n} \{ \min f_{ij}(t) \mid t \in [a'_{ij}, b'_{ij}] \},$$

α 的值则为 (X, C, F) 的 α-水平一致性度。

带偏好的简单时态网络 STNP 的 α-水平一致性标记了对 (X, C, F) 的所有赋值中的时态偏好度不小于 α。

定义 3.7（β-水平一致性）一个带偏好的简单时态网络 STNP(X，C，F），假设 STN(X，C) 的最小网络为 (X，C'），其中 C' 中的项为 $a'_{ij} \leqslant x_j - x_i \leqslant b'_{ij}$，($X$，$C$，$F$) 的 β-水平一致性定义为：

$$\beta = \min_{0 \leqslant i,j \leqslant n} \{ \max f_{ij}(t) \mid t \in [a'_{ij}, b'_{ij}] \},$$

β 的值则为 (X，C，F) 的 β-水平一致性度。

带偏好的简单时态网络 STNP 的 β-水平一致性标记了对 (X，C，F) 的所有赋值的时态偏好度不大于 β。

定义 3.8（γ-水平一致性）一个带偏好的简单时态网络 STNP(X，C，F），其中 C 中的项为 $a_{ij} \leqslant x_j - x_i \leqslant b_{ij}$。假设另一个简单时态网络 STN($X$，$C'$），其中 C' 中的项为 $a_{ij} \leqslant a'_{ij} \leqslant x_j - x_i \leqslant b'_{ij} \leqslant b_{ij}$，并且 $\min \{ f_{ij}(t) \mid t \in [a'_{ij}, b'_{ij}] \} \geqslant \gamma$。如果 ($X$，$C'$) 是一致的，则带偏好的简单时态网络 STNP 是在 γ 水平下 γ-水平一致的，否则 STNP 是在 γ 水平下 γ-水平不一致的。

γ-水平一致性表示：如果一个带偏好的简单时态网络 STNP 在 γ 水平下 γ-一致的，则 STNP 必定存在一个解，使得其偏好度不低于 γ。

对于两个带偏好的简单时态网络 STNP ω_1 和 ω_2，如果 ω_1 是在 γ 水平下 γ-一致的，而 ω_2 是在 γ 水平下 γ-不一致的，则说明 STNP ω_1 的解一定优于 ω_2。而在实际过程中，对于一个带偏好的简单时态网络 STNP，它的最大 γ 值是很难确定的。TPHTN 主要根据 STNP 的 α-水平一致性和 β-水平一致性来估计其 γ-水平一致性。

3.3.2　启发式搜索规则

在 HTN 规划中，选择不同的方法对同一个复合任务进行分解，以及选择不同的操作符应用于同一个原子任务，都将获得不同的方案。为了生成高质量的应急行动方案，TPHTN 使用启发式搜索来引导 TPHTN 在规划过程选择能够生成高质量应急行动方案的搜索分支。具体来说，在 TPHTN 规划过程中，当有多个方法可以同时分解一个复合任务或者有多个操作符可以同时作用于同一个原子任务时，规划器不是随机选择可行的方法和操作符，而是根据所设定的规则选择能够生成高质量应急行动方案的方法和操作符。TPHTN 选择搜索方向的主要依据是规划过程中产生的带时态偏好信息的简单时态网络 STNP。

下面以对方法的选择为例具体说明 TPHTN 使用的启发式搜索规则：当 TPHTN 使用多个方法对复合任务进行分解并分别得到不同的带偏好的简单时态网络 STNP，TPHTN 则根据这些 STNP 的一致性结果来选择使用哪个方法进行搜索。假设当前有两个方法 m_1 和 m_2 都可以对复合任务 T_1 进行分解，使用 m_1 对 T_1 分解后得到的 STNP 为 ω_1，使用 m_2 对 T_1 分解后得到的 STNP 为 ω_2。ω_1 的 α- 水平一致性的一致性度为 $\alpha(\omega_1)$，β- 水平一致性的一致性度为 $\beta(\omega_1)$。ω_2 的 α- 水平一致性的一致性度为 $\alpha(\omega_2)$，β- 水平一致性的一致性度为 $\beta(\omega_2)$。TPHTN 则基于如下规则从这两个方法中选择一个方法进行规划：

（1）如果 $\beta(\omega_1) \leqslant \alpha(\omega_2)$，优先选择 m_2；

（2）如果 $\beta(\omega_2) \leqslant \alpha(\omega_1)$，优先选择 m_1；

（3）如果上面两种情况都不成立，则 TPHTN 从 $[\alpha = \max\{\alpha(\omega_1), \alpha(\omega_2)\}, \beta = \min\{\beta(\omega_1), \beta(\omega_2)\}]$ 中随机选取几个值作为 γ，在实际规划过程中，TPHTN 选择这个区间三等分点作为 γ。如果存在一个 γ，使得 ω_1 是在 γ 水平下 γ- 一致的，而 ω_2 是在 γ 水平下 γ- 不一致的，则选择 m_1；反之，如果存在一个 γ，使得 ω_1 是在 γ 水平下 γ- 不一致的，而 ω_2 是在 γ 水平下 γ- 一致的，则选择 m_2；否则，TPHTN 认为这两个方法是等价的，此时随机选取一个方法对当前复合任务进行分解。

如果在一个规划节点存在超过 2 个方法可以对一个复合任务进行分解，则将它们两两进行对比并最终选取一个方法进行分解。在 TPHTN 的规划过程中，如果当前存在多个操作符可以同时应用于某一个原子任务，则基于上述从不同方法中选择方法的策略来选择操作符。

3.3.3　TPHTN 的规划算法

基于上述的启发式规则，TPHTN 的规划算法如图 3 - 6 所示。算法的输入是一个带时态偏好的 HTN 规划问题 (s_0, T, O, M, C, F)，其中 (T, C, F) 是初始任务的带时态偏好的简单时态网络。TPHTN 规划算法的主要过程由以下 6 个步骤组成。

步骤 1　初始化变量：变量 *plan* 储存当前的部分方案，初始化为一个空方案；变量 s 储存当前的规划状态，初始化为规划问题的初始状态 s_0，当前的 ST-

---

Require:

　　An HTN planning problem with temporal preferences (s_0, T, O, M, C, F)

1: $plan \leftarrow \emptyset, s \leftarrow s_0$

2: **while** $T! = \emptyset$ **do**

3: 　　$T_0 \leftarrow \{\, t \in T \,:\, \text{no other task in } T \text{ is constrained to precede } t \,\}$

4: 　　non-deterministically choose any $t \in T_0$

5: 　　**if** t is a primitive task **then**

6: 　　　　$A \leftarrow \{\, (a, \theta), a \text{ is a ground instance of an operator in } O, \theta \text{ is a substitution that}$ unifies $\{head(a), t\} \,\}$

7: 　　　　**if** $A = \emptyset$ **then**

8: 　　　　　return failure

9: 　　　　**else**

10: 　　　　　choose a pair $(a, \theta) \in A$ based on **the heuristic rule in Section 3.3.2**

11: 　　　　　apply the operator a, $plan \leftarrow \{plan, a\}$

12: 　　　　　update$(\{T, plan\}, C, F)$ by adding the temporal constraints of a

13: 　　　　**end if**

14: 　　**else**

15: 　　　　$M' \leftarrow \{\, (m, \theta), m \text{ is an instance of a method in } M, \theta \text{ unifies } \{head(m), t\}, \text{and } m$ and θ are mgu $\}$

16: 　　　　**if** $M' = \emptyset$ **then**

17: 　　　　　return failure

18: 　　　　**else**

19: 　　　　　choose a pair $(m, \theta) \in M$ based on **the heuristic rule in Section 3.3.2**

20: 　　　　　decompose t by m

21: 　　　　　update $(\{T, plan\}, C, F)$

22: 　　　　**end if**

23: 　　**end if**

24: **end while**

25: solve the constraint optimisation problem $(plan, C, F)$

图 3 – 6　TPHTN 的规划算法

NP 初始化规划问题初始任务的带偏好的时态约束网络 (T, C, F)；

　　步骤 2　判断完整方案：如果 $T = 0$，说明 TPHTN 已经得到一个完整的方案以及相关的 STNP，执行步骤 6，否则，执行步骤 3；

　　步骤 3　选择任务：不确定地从 T 中没有前序任务的任务集合中选择一个任务 t，如果 t 是原子任务，执行步骤 4，如果 t 是复合任务，则执行步骤 5；

　　步骤 4　应用操作符：根据本章 3.3.2 中的启发式搜索规则选择一个操作符

并应用（图 3 - 6，第 10、11 行），将所选择的操作符实例化后的动作相关的带偏好的时态约束加入当前带偏好的简单时态网络 STNP（｛T，$plan$｝，C，F）中，然后执行步骤 2；

步骤 5　使用方法：根据本章 3.3.2 中的启发式搜索规则选择一个方法（图 3 - 6，第 23 行）对 t 进行分解（图 3 - 6，第 19、20 行），将复合任务 t 中带偏好的时态约束传递给其子任务，并将该方法中相关的带偏好的时态约束加入当前 STNP（｛T，$plan$｝，C，F）中（第 21 行），然后执行步骤 2；

步骤 6　求解 STNP 问题：对带偏好的简单时态网络问题（$plan$，C，F）进行求解（图 3 - 6，第 25 行），获得最终结果。

本地搜索是常见的用于约束满足优化问题的求解算法[90]，STNP 问题是约束满足优化问题的一种类型。本章使用本地搜索算法求解 TPHTN 得到的方案相关的 STNP，给每个时态变量进行赋值，从而获得一个具体的满足决策者时态偏好的应急行动方案。

3.4　案例分析

在中国，洪涝灾害是最为严重的自然灾害之一。每一年，洪涝灾害都会导致上百人死亡或失踪，以及超过千亿元的财产损失。应急物流运输是应对洪涝灾害中常见的典型应急决策问题：当洪涝暴发时，需要将大量的应急物资在有限时间从物资储存地运输到物资需求地以满足灾害救援、疏散转移、搜索营救、灾民安置和工程抢险等应急活动的需要[91]。应急物流问题是一个复杂的决策问题，它涉及大量的应急部门和应急物资，需要在求解过程中同时考虑逻辑推理和数值推理。同时，应急物流问题还存在大量的时态约束，不仅要制订出符合这些时态约束的可行方案，还必须要生成满足决策者对这些时态约束的偏好的高质量的应急行动方案。因此，本节设计一组应急物流规划问题来测试 TPHTN 在应急响应决策中的应用。

3.4.1　应急物流问题描述

一类常见的应急物流问题涉及将应急物资运输到物资需求点，一个典型的应急物流问题如下：地点 A_1，A_2 和 A_3 是物资需求点（如受灾区域等）；地点 B_1，B_2，B_3，B_4 和 B_5 是应急物资储备点，分别储存 p_1，p_2，p_3，p_4 和 p_5 5 种应急物资；地点 C_1，C_2，C_3，C_4 和 C_5 是应急运输中转中心。假设一共有 7 支运输队伍可供使用，而且应急运输队伍的初始位置分别在应急运输中转中心或者物资储备点，每支运输队伍运输特定的应急物资，在每次运输过程中，运输的货物总量不能超过运输队伍的运输能力。而且，每支运输队伍都有一个最小运输速度 $Speed\_min$ 和一个最大运输速度 $Speed\_max$。运输队伍详细的信息如表 3 - 1 所示。在本次实验中，每支运输队伍一次运输的带偏好的时态约束为：（$T_1 \leqslant End - Start \leqslant T_2$，$((T_1, 0.5), ((T_1 + T_2)/2, 1), (0.2 \times T_1 + 0.8 \times T_2, 1), (T_2, 0.5)))$，其中，$T_1$ 为该运输队伍使用最小运输速度所需要的运输时间，T_2 为该运输队伍使用最大运输速度所需要的运输时间。决策者希望应急物资尽快从物资储备地运输出去以便将新的物资补充进来，另外决策者希望同一个地点需求的相关的应急物资尽量在同一时间运抵该地。在本次实验中，暂时不考虑运输道路的堵塞情况。

表 3 - 1　应急队伍的基本信息

编号	运输队伍	运输货物种类	运输容量	运输速度最小值	运输速度最大值
1	Team1	p_1，p_2	500	50	70
2	Team2	p_1，p_2	400	45	65
3	Team3	p_3，p_4	500	45	70
4	Team4	p_3，p_4	350	35	50
5	Team5	p_4	400	30	60
6	Team6	p_2，p_4	300	30	55
7	Team7	p_1，p_2，p_3，p_4	300	45	65

为了测试 TPHTN 的性能，本章设计了 10 个应急物流任务规划问题。这 10 个问题的初始任务及其时态约束偏好各不相同，具体信息如表 3 - 2 所示。

表 3 - 2　应急任务规划问题的初始任务集合

编号	初始任务	初始任务之间的时态约束
Problem 1	(resource_need A_1 p_1 300)	(end@1 $\leqslant$ 4,((0,0),(2,1),(3,1),(4,0.5)))
	(resource_need A_3 p_2 300)	(end@2 $\leqslant$ 5,((2,0),(3,1),(4,1),(5,0.5)))

（续）

编号	初始任务	初始任务之间的时态约束
Problem 2	（resource_need A$_1$ p$_1$ 400）	（end@1≤6，（（2，0），（3，1），（4，1），（6，0）））
	（resource_need A$_2$ p$_3$ 200）	（end@2≤5，（（1，0），（3，1），（4，1），（5，0.5）））
Problem 3	（resource_need A$_1$ p$_1$ 500）	（end@1≤5，（（0，0），（2，1），（4，1），（5，0.5）））
		（end@2≤5，（（2，0），（3，1），（4，1），（5，0.5）））
	（resource_need A$_1$ p$_4$300）	（−1≤end@1 − end@2≤1，
		（（−1，0），（0，1），（0，1），（1，0）））
Problem 4	（resource_need A$_2$ p$_3$ 200）	（end@1≤3，（（0，0），（2，1），（2.5，1），（3，0）））
	（resource_need A$_3$ p$_3$ 100）	（end@2≤5，（（2，0），（3，1），（4，1），（5，0.5）））
	（resource_need A$_1$ p$_5$ 350）	（end@3≤6，（（3，0），（4，1），（5，1），（6，0）））
Problem 5	（resource_need A$_2$ p$_1$ 400）	（end@1≤4，（（2，0），（2.5，1），（3.5，1），（4，0.5）））
	（resource_need A$_2$ p$_2$ 300）	（end@2≤5，（（2，0），（3，1），（4，1），（5，0.5）））
	（resource_need A$_2$ p$_4$ 150）	（end@3≤5，（（2，0），（3，1），（4，1），（5，0.5）））
		（−1≤end@2 − end@1≤1，
		（（−1，0），（0，1），（1，1），（1.5，0）））
Problem 6	（resource_need A$_3$ p$_3$ 260）	（end@1≤6，（（3.5，0），（4，1），（5，1），（6，0.5）））
	（resource_need A$_2$ p$_1$ 300）	（end@2≤5，（（2，0），（3，1），（4，1），（5，1）））
	（resource_need A$_3$ p$_5$ 250）	（end@3≤6，（（4，0），（4.5，1），（5.5，1），（6，0.5）））
		（0≤end@3 − end@1≤1，
		（（0，0.5），（0.3，1），（0.5，1），（1，1）））
Problem 7	（resource_need A$_1$ p$_2$ 350）	（end@1≤4，（（2，0.5），（2.5，1），（3，1），（4，0.5）））
	（resource_need A$_2$ p$_3$ 400）	（end@2≤5，（（2，0.5），（3，1），（4，1），（5，1）））
	（resource_need A$_2$ p$_5$ 500）	（end@3≤5，（（3，0.5），（3.5，1），（4，1），（5，0.5）））
	（resource_need A$_3$ p$_4$ 350）	（end@4≤6，（（4，0.5），（5，1），（5，1），（6，0.5）））
Problem 8	（resource_need A$_1$ p$_2$ 400）	（end@1≤7，（（2，0.5），（3，1），（6，1），（7，0.5）））
	（resource_need A$_1$ p$_5$ 360）	（end@2≤6，（（2，0），（2.5，1），（5.5，1），（6，0.5）））
	（resource_need A$_2$ p$_4$ 100）	（end@3≤5，（（3，0），（4，1），（4，1），（5，0.5）））
	（resource_need A$_3$ p$_2$ 350）	（end@4≤8，（（4，0），（6，1），（7，1），（8，0.7）））
		（−1≤end@1 − end@2≤1，
		（（−1，0.5），（0，1），（0，1），（1，0.5）））

(续)

编号	初始任务	初始任务之间的时态约束
Problem 9	(resource_need A_1 p_2 250) (resource_need A_1 p_4 300) (resource_need A_1 p_5 500) (resource_need A_3 p_2 300) (resource_need A_3 p_5 450)	(end@1 ≤ 7, ((3,0), (5,1), (6,1), (7,0.5))) (end@2 ≤ 7, ((3,0), (5,1), (6,1), (7,0.5))) (end@3 ≤ 6, ((3,0.5), (4,1), (5.5,1), (6,0.5))) (end@4 ≤ 8, ((6,0), (6.5,1), (7.5,1), (8,0.5))) (end@5 ≤ 7, ((5,0.5), (5.5,1), (6,1), (7,0))) (≤ end@2 − end@3 ≤ 1, ((0,0.5), (0.5,1), (0.5,1), (1,0.5)))
Problem 10	(resource_need A_1 p_1 320) (resource_need A_2 p_5 400) (resource_need A_2 p_3 300) (resource_need A_3 p_2 200) (resource_need A_3 p_4 250)	(end@1 ≤ 6, ((3.5,0), (4,1), (5,1), (6,0.3))) (end@2 ≤ 7, ((5,0.5), (6,1), (6,1), (7,0.8))) (end@3 ≤ 7, ((4,0), (4.5,1), (6.5,1), (7,0.5))) (end@4 ≤ 5, ((2,0), (3,1), (4,1), (5,0.5))) (end@5 ≤ 5, ((3,0), (3.5,1), (4.5,1), (5,0.7))) (0 ≤ end@2 − end@3 ≤ 1, ((0,0.5), (0.5,1), (0.5,1), (1,0))) (−1 ≤ end@5 − end@4 ≤ 1, ((−1,0.5), (0,1), (0.5,1), (1,0)))

3.4.2　结果分析

使用本章处理时态偏好信息的应急任务规划方法 TPHTN 求解表 3 − 2 中的各应急任务规划问题，同时使用 SHOP2 求解这些问题作为对比。由于 SHOP2 无法直接处理本节案例中的时态偏好信息，在使用 SHOP2 求解本次案例中的应急物流规划问题时，进行以下处理：运输队伍的运输速度设置为其平均速度；SHOP2 会直接生成一个时态变量被分配为固定时间的应急行动方案，该方案的偏好度根据时态偏好函数计算得到。

3.4.2.1　生成应急行动方案质量的对比

本节中，我们对 TPHTN 和 SHOP2 生成方案的质量进行对比。分别使用 TPHTN 和 SHOP2 对上文提到的应急物流任务规划问题进行求解，生成应急行动方案的质量对比，如图 3 − 7 所示。

通过图 3-7 的对比结果可以发现，虽然 TPHTN 和 SHOP2 都能够对这 10 个应急物流任务规划问题进行求解并生成相应的应急行动方案，但是 TPHTN 生成的方案的偏好度（Preference degree）普遍高于 SHOP2 生成的方案。对于一些复杂的问题，比如 Problem 5、Problem 8 和 Problem 10，SHOP2 生成的方案的质量很差，时态偏好度几乎接近于 0，而 TPHTN 所生成的应急行动方案相对来说都具有较高的质量。导致这样的原因是：在 TPHTN 中，使用 STNP 表示规划过程中的时态偏好信息，并用于引导规划器的搜索过程，最终引导 TPHTN 生成高质量的应急行动方案；而在 SHOP2 中，使用的深度优先的启发式搜索策略，只能够引导规划器快速生成可行方案，却无法生成高质量的应急行动方案。

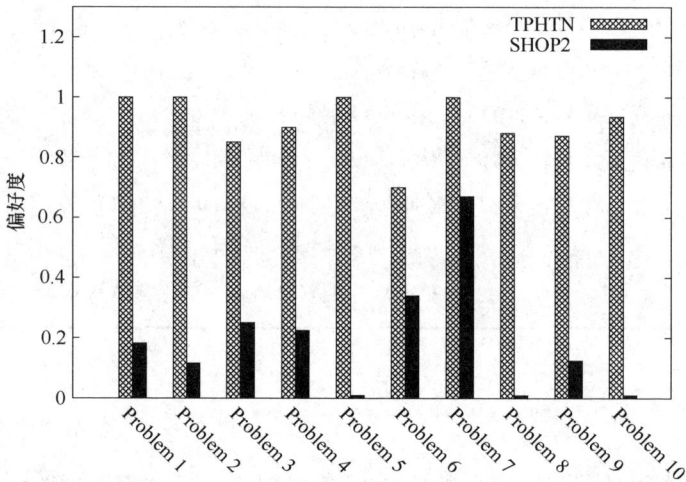

图 3-7　TPHTN 和 SHOP2 生成应急行动方案质量对比

3.4.2.2　生成方案所需规划时间的对比

应急响应决策不仅需要高质量的应急行动方案，还需要快速地生成这些应急行动方案以迅速对突发事件进行响应。本节则对 TPHTN 和 SHOP2 的方案生成速度进行对比试验。它们生成应急行动方案所需要的规划时间如图 3-8 所示。

通过图 3-8 中的对比结果，我们可以发现 TPHTN 需要比 SHOP2 更多的运行时间才能生成应急行动方案。在规划过程中，TPHTN 需要评估方法和操作符的质量，还需要求解一个约束满足优化问题，这两个部分需要花费较多的运行

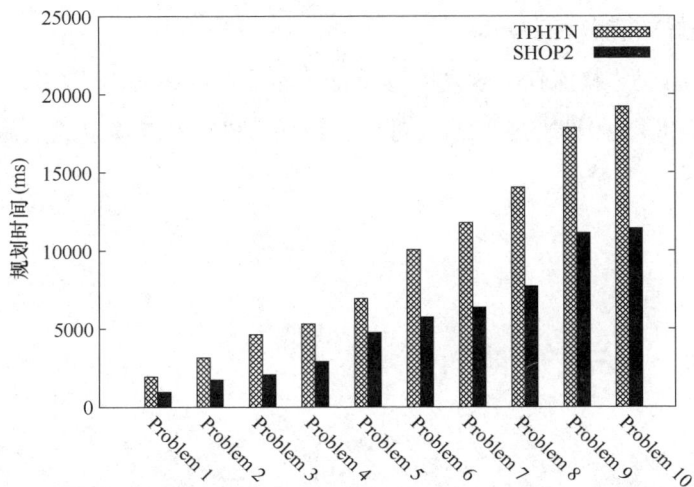

图 3 - 8 TPHTN 和 SHOP2 生成应急行动方案的规划时间对比

时间；另外，TPHTN 所使用的启发式引导的方向恰好是可能存在可行方案的规划空间，这有助于提高 TPHTN 生成方案的效率。总之，TPHTN 需要比 SHOP2 花费更多的规划时间才能获得应急行动方案，但这多花费的运行时间仍然是在一个可以接受的范围内。

3.5 本章小结

时态偏好是在很多突发事件应急任务规划中普遍存在的问题。在该问题中，决策者希望生成能够尽量最大化满足时态偏好的应急行动方案。为了生成满足决策者时态偏好的高质量的应急行动方案，本章提出一种处理时态偏好的 HTN 应急任务规划方法，TPHTN 。TPHTN 规划方法的主要特点如下：

（1）使用 STNP 对时态偏好信息进行描述：对简单时态网络 STN 进行扩展并提出带偏好的简单时态网络 STNP ，并且在 STNP 中使用一种可以表示连续偏好信息的偏好函数；同时，TPHTN 使用 STNP 对传统的 HTN 操作符和方法进行扩展，使它们能够表示 HTN 规划领域中的带偏好的时态信息。

（2）使用一种新的启发式搜索引导 STNP 的规划搜索方向：定义了 3 个水平一致性的概念用以评估 STNP 的质量，并且作为在 TPHTN 规划中选择方法和操作符的启发式信息；启发式信息能够引导 TPHTN 的规划方向，并最终生成高质量的满足决策者偏好的应急行动方案。

最后，通过一组应急物流任务规划问题验证了本章提出的方法 TPHTN 的有效性和实用性，并和其他 HTN 规划方法对比，说明 TPHTN 能够生成更高质量的应急行动方案。

第4章

应对方案执行异常的应急任务规划方法

在实际的突发事件应急响应中，应急行动方案执行过程往往受到不可预料的事件的影响，这些不可预料的事件往往导致原有应急行动方案无法顺利执行。例如：应急行动方案在执行过程中接到上级命令，要求提前 30 分钟完成这个应急疏散任务；或者一个应急行动方案是指派两支运输队伍在上午 10 点钟到达疏散地点，但是在实际执行过程中，由于交通拥堵造成这两支运输队伍在规定的时间之后 10 分钟才到达。这些情况都会导致预先制订好的应急行动方案无法顺利执行而失败。应急行动方案无法顺利执行被称为方案的执行异常。应急行动方案的执行异常在实际突发事件应急响应中是普遍存在的，本章考虑在应急方案执行异常的情况下，如何生成高质量的应急行动方案来避免执行异常导致的方案执行失败，从而提高应急决策的效率。

目前应对方案执行过程中遇到异常的方法主要有两种：使用在线规划系统的方法[92]和在方案执行过程中对方案进行修复的方法[93-95]。使用在线规划系统的方法代价是比较昂贵的，对于突发事件应急响应决策这样的计算资源比较紧缺的领域，无法为所有的应急任务分配足够的计算资源对应急行动方案进行实时修订；方案修复的方法是指当方案在实际执行过程中和预定的计划不一致时，对方案进行修补，使其能够继续执行下去。这种方法执行的效果受原始方案质量影响很大，只有原始方案具有较大的柔性的时候才能做到相对较好的修复，但是，目前的规划方法很少考虑什么样的方案能够更好地应对执行中遇到的异常情况。

柔性方案（Flexible Plan）是相对于固定方案（Fixed Plan）来说的。一个固定的方案即给这个方案中的每个动作分配了固定的时间和资源，而柔性方案并不会预先给方案的动作分配固定的执行时间和资源。固定的方案适合方案的执行环境是静态不变的（即执行环境的状态变化只和方案中动作的执行相关），但是实际中大部分情况下，方案在执行过程中会受到外部事件的影响导致方案执行异常，柔性方案则能够在方案的执行过程中根据异常情况进行调整[96-97]。应对方案执行过程中出现异常的方法主要是进行方案修复：IxTeT- eXeC[93]使用一个时态受限的 POP 规划器 IxTeT[98]生成方案并监控方案执行过程中的时态可行性，当方案无法顺利执行时进行重规划。Asunción 等[99]将方案执行的异常分为异常延迟和执行失败，使用 HTN 规划器 SIADEX 生成方案并在方案执行出现异常时对方案进行修复。吴芳则将应急物流中的方案执行异常情况分为时间异常和资源异常，然后针对这两种异常情况分别提出方案的调整规则来对方案进行修复[95]。这些方法主要针对固定的方案进行修复，由于方案被分配了固定的时间和资源，方案被修复的能力并不大，针对实际方案执行异常的情况，这些方法往往需要大量的修复工作。为了处理方案中动作执行时间的不确定性，Asunción 等[100]在 SIADEX 的基础上提出一种能够处理软时态约束的规划器 $Machine^{TF}$。$Machine^{TF}$ 使用模糊时态约束网络（Fuzzy Temporal Constraint Network，FTCN）[101-102]来表达规划问题中的时态约束信息，并且允许规划器生成一个带含糊时态约束的方案（柔性方案）（例如[100]：驾驶卡车的动作将需要大约 100 个时间单位，或者动作 a 将在动作 b 之后差不多 20 到 30 个时间单位内执行）。在生成方案的过程中，$Machine^{TF}$ 使用规划和调度集成的模型，规划部分使用 HTN 规划器对复合任务分解并生成模糊时态约束网络，调度部分则提出一种新的一致性概念来评估 FTCN 的有效性，并保证 $Machine^{TF}$ 生成方案的有效性。$Machine^{TF}$ 最终生成一个包含 FTCN 的时态方案，这个方案并不是一个单一的解，而是一组可能的解，即一个动作是一样的，但动作的执行时间不一样的方案集合。这样的柔性方案可以在执行过程中遇到时态异常时不需要进行重规划，而只需对后续动作的执行时间进行调整。Cesta 等[103-104]使用基于时间轴规划（Timelinebased Planning）[64,105]生成柔性方案，和 $Machine^{TF}$ 不同的是，Cesta 等使用简单的时间问题（Simple Temporal Problem，STP）[106]表示规划问题中的时态约束，并使用经典时态规划方法生成柔性方案。在柔性方案的执行过程中，则使用不确定简单时态网络（Simple Temporal Problem with Uncertainty，STPU）[107] 表示柔性方案的时态约束，并用 STPU 的可控性（Controllability）[107] 来判断柔性方案的可行性。为了验证这种方法的有效性，Cesta 等在动态执行环境 EUPORA 和 ASPEN[108] 中来实现这种方法[109]，并将其应用于 Timed Game Automata[110] 和 UPPAAL-TIGA[111] 中。但是，这种方法是基于经典规划方法，难以推广应用于应急行动方案制订这样复杂的实际问题。

在突发事件应急响应中，应急行动方案的执行环境是十分复杂的，应急行动方案往往无法按照原来预定的时间执行（例如，道路拥堵造成的应急运输任务延迟，应急态势的恶化要求应急任务提前完成等）。上述的生成柔性方案应对方案执行异常的方法虽然能够一定程度上应对方案执行环境的不确定，但是都没有区分不同柔性方案之间的差异，一般来说，具备更大柔性的方案能够更好地应对方案执行中存在的各种执行异常，因此有必要考虑如何生成高质量的柔性方案。针对应急行动方案执行过程中的异常，需要同时考虑应急行动方案的生成和应急行动方案的执行。首先要分析什么样的柔性应急行动方案能够更好地应对方案执行时的时态异常，其次基于 HTN 规划设计有效的算法生成高质量的方案，最后还需要针对这样的应急行动方案设计在执行中遇到异常时的应对策略。本章为了应对应急行动方案执行过程中遇到的时态异常，减少应急响应决策系统在此情况下不必要的重规划，从而提高突发事件应急响应决策的效率，提出一种考虑应急行动方案时间柔性的 HTN 应急任务规划方法。该方法分为应急行动方案生成和应急行动方案执行两个部分：应急行动方案生成部分生成一个高质量带时间柔性的应急行动方案，应急行动方案执行部分研究如何对这个方案进行监控和调整。和传统 HTN 规划方法生成的方案不同，这个带时间柔性的应急行动方案并没有对每个时态变量分配固定的时间，而是用一个时态约束网络来描述应急行动方案中动作之间的时态约束信息。带时间柔性的应急行动方案中时态变量的赋值是可以在应急行动方案执行过程中根据不同情况而修改的，具有较高的时间柔性可以有效应对方案执行过程中的时态异常。

4.1　相关概念

本章将应急任务规划问题建模为时态 HTN 规划问题。

定义 4.1（时态 HTN 规划问题）时态 HTN 规划问题是一个 5 元组：$P = (s_0, T, C, O, M)$。其中：s_0 是规划问题的初始状态；T 是规划问题的初始任务；C 是规划问题初始各任务之间的时态约束；O 是规划问题的操作符集合；M 是规划问题的方法集合。

使用简单时态网络 STN 来表示规划问题中的时态约束。STN 的详细介绍可以参见上一章的内容。

在传统 HTN 规划方法中，如 SHOP2[23] 和 SIADEX[22]，操作符并不是一个标准的持续性操作符[87]，无法表示复杂的时态约束。因此，本章在持续性操作符[87] 的基础上提出 HTN 规划中的时态操作符。

定义 4.2（时态操作符）本章中的时态操作符是一个 10 元组（：$operator\ Head$，$Con_{\vdash}$，$Con_{\leftrightarrow}$，$Con_{\dashv}$，$Del_{\vdash}$，$Add_{\vdash}$，$Con_{\dashv}$，$Del_{\dashv}$，$Add_{\dashv}$，Δ）。其中：：$operator$ 标记出这个元组是一个操作符；$Con_{\vdash}$，$Con_{\leftrightarrow}$，$Con_{\dashv}$ 分别表示这个操作符实例化后的动作在开始执行时、执行过程中和执行结束时需要满足的文字集合；$Del_{\vdash}$，$Del_{\dashv}$ 分别表示动作执行开始时和结束时的删除效果；$Add_{\vdash}$，$Add_{\dashv}$ 分别表示动作在执行开始时和结束时的添加效果；最后一项 Δ 表示这个动作的相关的时态约束信息。

同时，在传统 HTN 方法定义的基础上提出时态增强的 HTN 方法。

定义 4.3（时态增强方法）时态增强的 HTN 方法是一个 5 元组（：$method\ Head$，Con，$TaskList$，Δ）。其中：：$method$ 标记出这个元组是一个方法；$Head$ 是一个复合任务，表示可以使用该方法对这个复合任务进行分解；Con 表示这个方法使用时应该满足的条件；$TaskList$ 表示使用该方法对复合任务分解后产生的子任务集合；Δ 则表示 $TaskList$ 中子任务之间的时态约束集合。

在应对应急行动方案执行中时态异常的情况时，一个高质量的方案定义为一个具有更大时间柔性的方案。方案的时间柔性依赖于其相关的 STN 的柔性。当这个方案相关的 STN 有较大的柔性，说明这个方案的时态变量具备较大的可调整范围，因此也能够更好地应对方案执行过程中发生的时态异常。

STN 的柔性度已经被各位学者研究过[112-113,61,114]。一个 STN 的柔性度指的是对这个 STN 分配时间使其能够满足约束的自由度。一个广泛的 STN 柔性度的定义如下[115]。

定义 4.4（STN 的柔性度）对于一个 STN $S = (X, C)$，它的最小网络是 $S' = (X, C')$，其中 C' 中的项为 $a'_{ij} \leqslant x_j - x_i \leqslant b'_{ij}$。则 STN $S = (X, C)$ 的柔性度为：

$$Flex(S) = \sum_{i=0}^{n} \sum_{j>i}^{n} (b'_{ij} - a'_{ij})。$$

这个定义没有考虑 STN 中时态变量的数量对 STN 的柔性度的影响。对于应急任务规划问题，不同的解（应急行动方案）可能包含不同数量的时态变量。假设规划问题的两个方案 π_1 和 π_2，π_1 和 π_2 相关的 STN 分别是 S_1 和 S_2，S_1 和 S_2 有相同的柔性度 $Flex(S_1) = Flex(S_2)$，而 π_1 中的时态变量多于 π_2 中的时态变量。那么直观上来看，π_2 中的每个时态变量相对有更多的平均选择空间，也能够更好地应对实际执行过程中发生的时间异常。因此，对上述 STN 柔性度的定义进行如下修正：

定义 4.5（修正的 STN 柔性度）对于一个 STN $S = (X, C)$，它的最小网络是 $S' = (X, C')$，其中 C' 中的项为 $a'_{ij} \leqslant x_j - x_i \leqslant b'_{ij}$。则 STN $S = (X, C)$ 的柔性度为：

$$Flex'(S) = Flex(S)/size(S)，$$

其中，$size(S)$ 为 S 中时态变量的数量。

本章中，以应急行动方案相关的 STN 修正的柔性度来作为该应急行动方案的质量（柔性度），柔性度越高的，应急行动方案的质量越好。

4.2　应对方案执行异常的应急任务规划方法的总体思路

应对应急行动方案执行过程中遇到的时态异常的应急任务规划方法的总体思路如图 4 - 1 所示。这个方法包含两个部分：F-HTN 和 Controller。因此，将这个方法记为 *FHTN-CON*。F-HTN 是一个时态 HTN 规划器，用来求解时态 HTN 规划问题，并生成高质量带时间柔性的应急行动方案；Controller 控制应急行动方案的执行过程，用于在应急行动方案执行过程中遇到时间扰动时对柔性方案进行检测和调整。F-HTN 规划器包含两个主要模块：时态约束传播和启发式搜索。在 F-HTN 的规划过程中，当复合任务被方法分解时，时态约束传播模块将上层任务之间的时态约束传递给下层任务；当原子任务被操作符应用时，时态约束传播模块对当前的规划节点的时态约束进行更新。如果在规划过程中有多个方法可以分解同一个复合任务或者有多个操作符可以应用于同一个原子任务时，F-HTN 基于可能生成的 STN 的柔性度选择合适的方法或者操作符。当 F-HTN 规划完成时，将返回一个带时间柔性的应急行动方案，它包括一个完整的应急行动方案及其相关的简单时态网络 STN 。Controller 则主要负责给这个带时间柔性的应急行动方案中的时态变量赋值，并在方案无法按计划执行时对其进行调整。具体来说，在应急行动方案执行之前，Controller 对 F-HTN 生成的方案相关的 STN 进行求解，给 STN 中每个时态变量赋一个合法的时间值；在应急行动方案执行过程中，如果发生了时态异常，Controller 首先检测当前的应急行动方案是否可行，如果仍然可行则对这个方案中的时态变量重新赋值，如果当前的应急行动方案不可行，才通知 F-HTN 重新生成一个新的高质量带时间柔性的应急行动方案，重复此过程直到完成所有的应急任务。

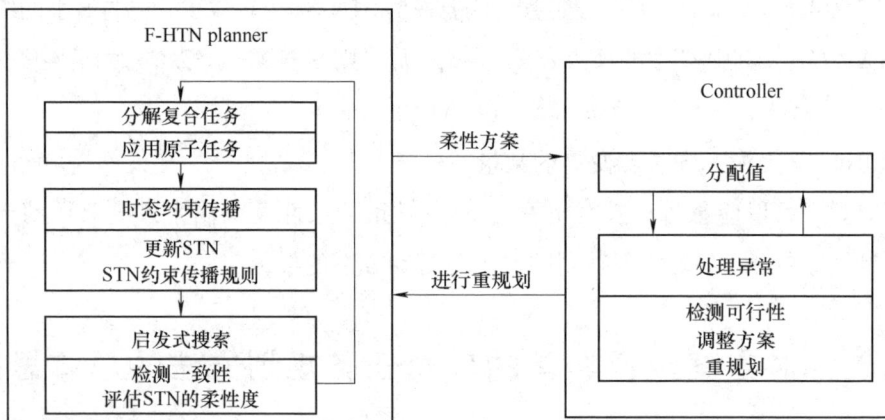

图 4 - 1　应对时态异常的 HTN 规划方法的总体结构

4.3　生成高质量的应急行动方案的方法：F-HTN

本节介绍如何使用 F-HTN 生成高质量带时间柔性的应急行动方案。

4.3.1　F-HTN 的规划过程

F-HTN 的规划过程如图 4 - 2 所示。F-HTN 的输入是一个时态 HTN 规划问题 $P = (s_0, T, C, O, M)$；输出是一个带时间柔性的方案，包含一个动作集合及这个动作集合中动作之间时态约束构成的时态约束网络 STN。F- HTN 的规划过程主要包含如下 6 个步骤：

Require:
　　A temporal HTN planning problem (s_0, T, S_0, O, M)
1:　$plan \leftarrow \emptyset, s \leftarrow s_0, S \leftarrow S_0$
2:　**while** $T! = \emptyset$ **do**
3:　　$T_0 \leftarrow \{\, t \in T : \text{no other task in } T \text{ is constrained to precede } t \,\}$
4:　　Non-deterministically choose any $t \in T_0$
5:　　**if** t is a primitive task **then**
6:　　　$A \leftarrow \{\, (a, \theta), a$ is a ground instance of an operator in O, θ is a substitution that unifies $\{head(a), t\}$, and s satisfies a's preconditions $\}$
7:　　　**if** $A = \emptyset$ **then**
8:　　　　Return failure
9:　　　**else**
10:　　　　Choose a pair $(a, \theta) \in A$ **based on the heuristic search in Section 4.3.3**
11:　　　　Apply the action a, $plan \leftarrow plan + a$
12:　　　　Update S by adding the temporal constraints of a
13:　　　**end if**
14:　　**else**
15:　　　$M \leftarrow \{(m, \theta), m$ is an instance of a method in D, θ unifies $\{head(m), t\}$, $pre(m)$ is true in s, and m and θ are mgu $\}$
16:　　　**if** $M = \emptyset$ **then**
17:　　　　Return failure
18:　　　**else**
19:　　　　Choose a pair $(m, \theta) \in M$ **based on the heuristic search in Section 4.3.3**
20:　　　　Decompose t by m, add the temporal constraints of m and update S **by the propagating rules in Section 4.3.2**
21:　　　**end if**
22:　　**end if**
23:　**end while**
24: Return $(plan, S)$

图 4 – 2　F- HTN 的规划过程

步骤 1　初始化变量：设置变量 $plan$ 储存当前的部分方案，初始化为一个空方案；设置变量 s 储存当前的规划状态，初始化为规划问题的初始状态 s_0；变量 C 储存规划过程中产生的 STN，初始化为规划问题的初始任务之间的时态约束。

步骤 2　判断完整方案：如果 $T = \varnothing$，说明规划器生成一个完整的方案，执行步骤 6，否则，执行步骤 3。

步骤 3　选择任务：不确定地从 T 中没有前序任务的任务集合选择一个任务

t，如果 t 是原子任务，执行步骤4；如果 t 是复合任务，执行步骤5。

步骤4 执行原子任务：根据本章4.3.3中的启发式规则选择一个操作符应用于原子任务 t（图4-2，第10行），并更新当前的部分方案 $plan$，当前任务 T 和当前的 STN S（图4-2，第11、12行）；然后执行步骤2。

步骤5 分解复合任务：根据本章4.3.3中的规则选择一个方法分解复合任务 t（图4-2，第19行），并更新当前任务集合 T，根据4.3.2中的规则添加新的时态约束到当前 STN S；然后执行步骤2。

步骤6 结束：返回方案 $plan$ 及其时态约束网络 S，算法结束。

在 F-HTN 的规划过程中，时态约束传播和启发式搜索是最为重要的两个部分。时态约束传播将顶层的时态约束信息传递给下层以保证规划生成的方案是可行的；启发式搜索则引导 F-HTN 生成高质量的应急行动方案，从而能更好地应对方案执行过程中发生的时态异常。

4.3.2 时态约束信息的传播

在 F-HTN 中，时态约束传播模块负责管理规划过程中的时态约束信息 STN。具体来说，STN 首先被初始化为初始任务之间的时态约束；当使用一个操作符作用于一个原子任务时，将操作符实例化后的动作相关的时态约束加入到当前的 STN 中；当使用一个方法对一个复合任务进行分解时，将复合任务相关的时态约束通过传播规则传递给下层子任务之中，并且将该方法中描述的子任务之间的时态约束加入当前的 STN 中。针对不同的任务分解结构，F-HTN 需要设计相应的时态约束传播规则。在 HTN 规划中，有 3 种任务分解结构：顺序结构、无序结构和选择结构[116-117]。王喆等[57,118]针对资源信息在规划中的传播设计了资源约束传播规则，在资源约束传播规则的基础上设计了 F-HTN 中的时态约束信息传播规则：

1）对于顺序的任务分解结构

在顺序的任务分解结构中，复合任务被分解为顺序执行的子任务集合。如，将复合任务 B_1 分解为 t_1 和 t_2：

$$(\text{task } B_1 \ Parameters：（\cdots） \ Preconditions：（\cdots）$$

$$Sub-tasks：$$

$$(：ordered \ t_1 \ t_2) \ \Delta)$$

在这个任务分解例子中，子任务 t_1 继承复合任务 B_1 开始时间的时态约束，子任务 t_2 继承复合任务 B_1 结束时间的时态约束。假设任务 B_1 和 B_2 之间的时态约束为：（$0 \leqslant start(B_2) - start(B_1) \leqslant \infty$）和（$-10 \leqslant end(B_2) - end(B_1) \leqslant 20$），当使用这个方法将 B_1 分解为 t_1 和 t_2 之后，t_1、t_2 和 B_2 之间的时态约束变为：（$0 \leqslant start(B_2) - start(t_1) \leqslant \infty$）和（$-10 \leqslant end(B_2) - end(t_2) \leqslant 20$）。

2）对于无序的任务分解结构

在无序的任务分解结构中，复合任务被分解后获得的子任务集合在执行时没有先后顺序的约束。如，将复合任务 B_2 分解为 t_3 和 t_4：

（task B_2 $Parameters$：（$\cdots$）$Preconditions$：（$\cdots$）

$Sub - tasks$：

（：$unordered$ t_3 t_4）Δ）

在这个任务分解例子中，子任务 t_3 和 t_4 继承复合任务 B_2 开始时间的时态约束，子任务 t_3 和 t_4 继承复合任务 B_2 结束时间的时态约束。假设任务 B_1 和 B_2 之间的时态约束如上述，当使用这个方法将 B_2 分解为 t_3 和 t_4 之后，B_1 和 B_2 之间的时态约束变为：（$0 \leqslant earlier\{start(t_3), start(t_4)\} - start(B_1) \leqslant \infty$）和（$-10 \leqslant later\{end(t_3), end(t_4)\} - (end(B_1) \leqslant 20$）。

3）对于选择的任务分解结构

在选择的任务分解结构中，子任务集合的选择是根据分解复合任务的方法的前提条件来确定的。如，将复合任务 B_3 分解为 t_5 或 t_6：

（task B_3 $Parameters$：（$\cdots$）

$Case1$ $Preconditions1$：（$\cdots$）

$Sub - tasks$：（t_5）Δ_1

$Case2$ $Preconditions1$：（$\cdots$）

$Sub - tasks$：（t_6）Δ_2）

在这个任务分解例子中，子任务 t_5 或 t_6 继承复合任务 B_3 相关的全部时态约束。假设两个复合任务 B_1 和 B_3 之间的时态约束为（$0 \leqslant start(B_3) - start(B_1) \leqslant 50$）和（$-15 \leqslant end(B_3) - end(B_1) \leqslant 25$），如果复合任务 B_3 被分解为 t_5，和 B_3 相关的时态约束变为（$0 \leqslant start(t_5) - start(B_1) \leqslant 50$）和（$-15 \leqslant end(t_5) - end(B_1) \leqslant 25$）；当复合任务 B_3 被分解为 t_6 时，和 B_3 相关的时态约束变为（$0 \leqslant start(t_6) -$

$start(B_1) \leqslant 50$）和（$-15 \leqslant end(t_6) - end(B_1) \leqslant 25$）。

4.3.3　F-HTN 中的启发式搜索

为了生成更好的应急行动方案，在规划过程中使用启发式信息引导搜索而不是进行盲目搜索。在时态 HTN 规划器 F-HTN 的规划过程中，设计了一种新的启发式搜索，该启发式搜索使用一个基于 STN 的启发式函数来评估方法和操作符的质量，并根据启发式函数的值来选择合适的搜索方向。

以选择方法为例说明 F-HTN 中的启发式搜索：当使用一个方法对当前的复合任务进行分解，产生一个 STN，则以这个 STN 的柔性度作为这个方法的启发式值。F-HTN 中方法的启发式函数可以表示为 $f(m) = h(s,t,m)$。其中，s 是当前的规划状态；t 是当前待分解复合任务；m 是一个方法。它表示使用这个方法 m 在当前的规划状态 s 下分解复合任务 t，并使用上述的时态约束传播规则更新时态约束得到时态约束网络 S，这个启发式函数 $f(m) = h(s,t,m)$ 的值等于 S 的柔性度 $Flex'(S)$。

在 F-HTN 的规划过程中，如果存在多个方法都可以对当前的复合任务进行分解时，F-HTN 优先选择启发式函数 $f(m) = Flex'(S)$ 的值最大的方法进行规划搜索。同理，如果有多个操作符都可以应用于当前的原子任务，F-HTN 也按照类似的规则选择操作符。通过这样的启发式规则，F-HTN 最终能够获得高质量的应急行动方案，以更好地应对执行过程发生的时态异常。

4.4　应急行动方案的执行策略：Controller

在 F-HTN 生成高质量的柔性方案之后，使用 Controller 对这个柔性方案中的时态变量分配确定的执行时间并且监控应急行动方案的执行情况。在应急方案的执行过程中，如果发现有时态异常造成当前的应急行动方案无法继续执行时，Controller 调用异常处理模块检查剩余未执行方案的有效性。如果剩余应急行动方案是有效的，Controller 根据剩余方案的时态约束网络重新分配时间使其能够继续执行；否则，Controller 通知 F-HTN 重新生成一个新的高质量的带时间柔性的应急行动方案。

Controller 的主要执行流程如图 4-3 所示。Controller 的输入是一个带时间柔性的应急行动方案，它包括一个动作序列 *plan* 和这个动作序列中的时态约束信息 STN *S*。变量 *ExecutablePlan* 代表需要执行的动作集合，初始化为 *plan*；变量 *ExecutingPlan* 是当前需要执行的动作；*ExecutedPlan* 表示已经执行完毕的动作集合；*ExecutedTPs* 是记录已经执行完毕的动作的时间点。Controller 的执行过程主要包含如下 6 个步骤：

Require:

　　The complete plan, $plan = <action_1, action_2, \cdots, action_n>$

　　The STN associated with the plan $plan$, S

1:　Solve the STN problem S

2:　$ExecutablePlan \leftarrow plan$

3:　$ExecutingPlan \leftarrow \emptyset$

4:　$ExecutedPlan \leftarrow \emptyset$

5:　$ExecutedTPs \leftarrow \emptyset$

6:　**while** $ExecutablePlan \neq \emptyset$ **do**

7:　　$ExecutingPlan \leftarrow \{action \in plan : $ no other task in $plan$ is constrained to precede $action\}$

8:　　Executing $ExecutingPlan$

9:　　**if** $x_i = a_i = a'_i$ **then**

10:　　　**if** $Current\_time > End(action_i)$ **then**

11:　　　　$ExecutedPlan \leftarrow \{action_i, ExectingPlan\}$

12:　　　　$ExecutedTPs \leftarrow \{x_i = a_i, ExecutedTPs\}$

13:　　　　$ExecutablePlan \leftarrow ExecutablePlan - ExecutedPlan$

14:　　　**end if**

15:　　　**if** $ExecutablePlan = \emptyset$ **then**

16:　　　　Return Success

17:　　　**end if**

18:　　**else**

19:　　　$S \leftarrow S - ExecutedTPs$

20:　　　PC(S)

21:　　　**if** S is consistent **then**

22:　　　　Controller ($ExecutablePlan, S$)

23:　　　**else**

24:　　　　**Goto F-HTN()**

25:　　　**end if**

26:　　**end if**

27:　**end while**

图 4-3　Controller 的执行过程

步骤1 使用 Controller 中的时态约束求解器解决时态约束问题 S，给每个时态变量分配具体的时间。

步骤2 根据分配好的时间执行 *plan* 中的动作（图4-3，第7、8行）。如果动作被执行完毕，将这个动作从 *ExecutablePlan* 中删除并加入 *ExecutedPlan* 中。

步骤3 如果 *ExecutablePlan* 为空，则返回成功，算法结束。否则，继续。

步骤4 当扰动发生导致实际执行时间和预定分配好的时间不一致时，Controller 使用 PC-2 一致性算法检测剩余 STN 的一致性（图4-3，第20行）。

步骤5 如果剩余的 STN 是一致的，说明剩余的应急行动方案在时态约束上仍然是可行的，Controller 将以 *ExecutablePlan* 和剩余的 STN 为输入继续执行，执行步骤1。

步骤6 如果剩余的 STN 不一致，则说明剩余的应急行动方案 *ExecutablePlan* 在当前的状态下时态约束已经无法满足。Controller 在当前的方案执行中失败，则通知 F-HTN 进行重规划（图4-3，第24行）。

4.5 案例分析

本章继续使用应急物流规划问题作为实验案例。在第3章中主要考虑应急行动方案制订问题中的时态偏好问题，本章则重点考虑应急行动方案执行过程中发生时态异常的现象。在应急物流任务执行中，特别是在应急运输方案执行的过程中，突发事件应急环境并不是静态的，而是充满了不可预知的变化。如，运输道路有时出现拥堵导致原来的运输方案延迟，或者应急任务忽然发生改变要求提前完成等。这些广泛存在的时态异常给应急物流运输方案的顺利执行带来很大的困扰。应急物流运输问题具有典型的应急行动方案执行时态异常特征。在本节中，我们设置若干个应急物流问题来测试本章提出方法的有效性。

4.5.1 应急物流问题描述

应急物流问题的基本描述如第3章中所描述。本章设计难度不一的10个应急物流任务规划问题来测试本章提出方法的有效性。这些问题具有不同的初始任务，而且初始任务直接的时态约束也各不相同，详细的描述如表 4-1 所示。

表 4-1　应急任务规划问题的初始任务

编　号	初 始 任 务	初始任务之间的时态约束
Problem 1	（resource_need A1 p3 300） （resource_need A3 p2 500）	（end@1≤4）（end@2≤5）
Problem 2	（resource_need A1 p2 300） （resource_need A2 p1 200）	（end@1≤6）（end@2≤5） （-1≤end@2-end@1≤1）
Problem 3	（resource_need A3 p1 500） （resource_need A2 p3 100）	（end@1≤5）（end@2≤5） （0≤end@2-end@1≤1）
Problem 4	（resource_need A1 p3 300） （resource_need A2 p3 100） （resource_need A1 p5 350）	（end@1≤6）（end@2≤5） （end@3≤7） （-1≤end@3-end@1≤1）
Problem 5	（resource_need A3 p1 500） （resource_need A2 p2 300） （resource_need A1 p3 150）	（end@1≤6）（end@2≤5） （end@3≤5） （0≤end@2-end@1≤1）
Problem 6	（resource_need A3 p4 200） （resource_need A2 p2 500） （resource_need A3 p5 250）	（end@1≤6）（end@2≤5） （end@3≤6） （-1≤end@3-end@1≤1）
Problem 7	（resource_need A3 p2 350） （resource_need A2 p3 300） （resource_need A2 p5 500） （resource_need A3 p4 350）	（end@1≤4）（end@2≤5） （end@3≤5）（end@4≤6） （0≤end@3-end@2≤1）
Problem 8	（resource_need A3 p2 200） （resource_need A2 p5 360） （resource_need A2 p3 200） （resource_need A3 p2 350）	（end@1≤7）（end@2≤6） （end@3≤6）（end@4≤8） （-1≤end@1-end@2≤1）

（续）

编　号	初　始　任　务	初始任务之间的时态约束
Problem 9	（resource_need A2 p2 350）	（end@1≤7）（end@2≤7）
	（resource_need A1 p4 300）	（end@3≤6）（end@4≤8）
	（resource_need A1 p5 500）	（end@5≤7）
	（resource_need A3 p3 300）	（≤end@2−end@3≤1）
	（resource_need A3 p5 450）	（−1≤end@5−end@4≤1）
Problem 10	（resource_need A2 p1 420）	（end@1≤6）（end@2≤7）
	（resource_need A3 p4 400）	（end@3≤7）（end@4≤5）
	（resource_need A2 p3 300）	（end@5≤5）
	（resource_need A3 p2 500）	（0≤end@2−end@3≤1）
	（resource_need A3 p4 250）	（−1≤end@5−end@4≤1）

4.5.2　结果分析

本次实验将本章提出的规划器 F-HTN 和另一个规划器 XEPlanner 进行对比。XEPlanner[56] 是一个时态 HTN 规划器，它能够处理规划问题中复杂的时态约束，并使用启发式搜索和 Anytime 搜索寻找最优方案。在本次实验中，XEPlanner 在规划过程中使用深度优先的启发式规则进行搜索并在生成第一个应急行动方案后结束运行。

4.5.2.1　应急行动方案质量的对比

首先对 F-HTN 和 XEPlanner 生成的应急行动方案的质量进行对比。分别使用 F-HTN 和 XEPlanner 对上文提到的应急物流任务规划问题进行求解，生成应急行动方案的质量对比如图 4-4 所示。

通过图 4-4 的对比结果，可以发现 F-HTN 和 XEPlanner 都能够对这 10 个应急物流规划问题进行求解并生成相应的应急行动方案，但是 F-HTN 生成的方案的质量（柔性度）普遍优于 XEPlanner 生成的方案。对于表 4-1：应急任务规划问题的初始任务一些复杂的问题，比如 Problem 5、Problem 8 和 Problem 10，XEPlanner 生成的应急行动方案的质量很差，柔性度几乎接近于 0，而 F-HTN 所生成的方案都具有较高的质量。导致这样的原因是：在 F-HTN 中，规划过程中

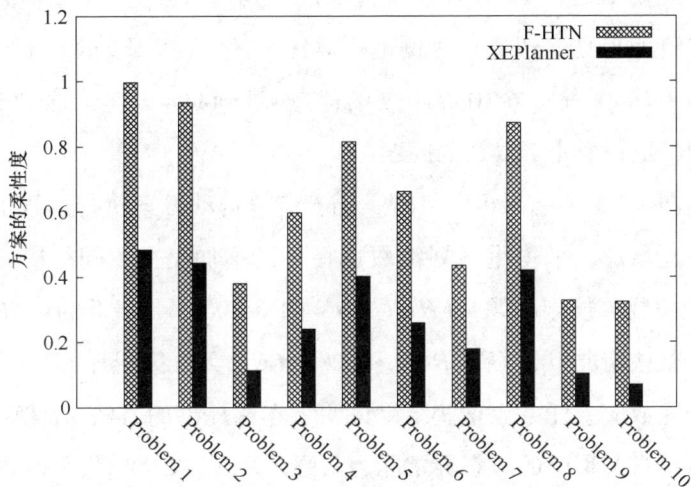

图 4 – 4　F- HTN 和 XEPlanner 生成应急行动方案质量对比

产生的 STN 可以用于引导规划器向着柔性度较高的方案所在的空间进行搜索，并最终可以生成高质量的应急行动方案；而在 XEPlanner 中，使用的深度优先的启发式搜索策略，只能够引导规划器快速生成可行方案，这些快速生成的可行应急行动方案并不是高质量的应急行动方案。

4.5.2.2　重规划次数对比

本节的实验模拟动态的应急执行环境来测试 *FHTN- CON* 的性能。方案执行过程中时态异常出现的频率用参数 α 来控制，$\alpha = 0$ 表示应急行动方案执行过程中没有任何扰动，$\alpha = 1$ 则表示在应急行动方案的执行过程中时态异常时时发生（应急行动方案中所有行动的实际执行的时间和预定的都不同）。本次使用设置 α 从 0.1 到 1（每次增加 0.1），在每个 α 下模拟 100 次，计算每个应急行动方案在实际执行过程中的平均重规划次数。XEPlanner 生成的方案采用两种执行策略来应对时态异常：其一是方案修复，当方案在执行过程中遇到时态异常时，使用 Wu[95] 提出的方案修复规则对方案进行调整，如果调整失败，则进行重规划，这种策略记为 *XEP- REP*；其二是将方案的时态约束网络输出并使用本章提出的 Controller 来应对执行过程中的扰动，这种策略记为 *XEP- CON*。图 4 – 5 展示了使用这三种方法在不同 α 值下的重规划率（实际平均重规划次数除以时态异常发生的次数）。对于一个问题，如果某个方法无法完成应急任务，则将该种情况的重规划率记为 1。基于篇幅的考虑，我们从以上 10 个应急物流规划问题选取 4 个典型问题，以它们为例进行对比。其中，Problem 1 是一个相对简单的问题；Problem 4 是一个中等难度的问题；Problem 7 是一个比较复杂的问题；Problem 10 是一个非常复杂的问题。

通过图 4 - 5 的结果可以发现，随着应急行动方案执行过程中时态异常发生的频率不断增加，平均重规划次数也在不断增加。在不同的应急环境下，对于这 4 个应急物流规划问题，*FHTN-CON* 的重规划率是最低的，*XEP-REP* 则是最高的。在某些情况下，*XEP-REP* 和 *XEP-CON* 无法完成任务，而 *FHTN-CON* 则能够顺利完成应急任务。这些结果说明了本章提出的方法 *FHTN-CON* 应对应急行动方案执行过程中的时态异常能力最强。*FHTN-CON* 使用 F-HTN 能够生成高

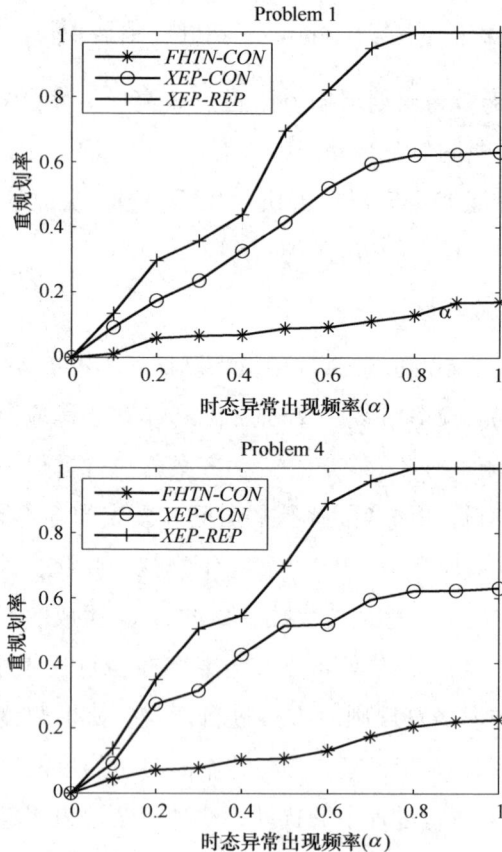

图 4 - 5 三种方法重规划次数对比

Problem 7

重规划率

- FHTN-CON
- XEP-CON
- XEP-REP

时态异常出现频率(α)

Problem 10

重规划率

- FHTN-CON
- XEP-CON
- XEP-REP

时态异常出现频率(α)

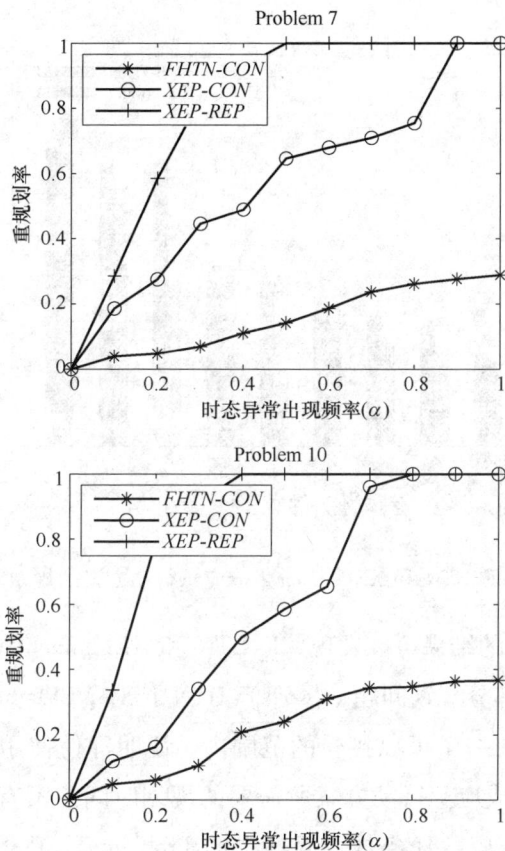

图 4 - 5 三种方法重规划次数对比（续）

质量带时间柔性的应急行动方案，在方案执行过程中有更多的时间选择，而 XEPlanner 只能生成一个可行的方案。Controller 能够使用全局信息在方案执行过程中对方案进行调整，而方案修复只能使用局部信息对方案进行修复。因此，结合了 F-HTN 和 Controller 的 *FHTN-CON* 能够更好地应对方案执行过程中发生的时态异常。

4.5.2.3 生成方案所需规划时间的对比

在突发事件应急响应中，应急响应的效率还受到应急行动方案生成所需要时间的影响。本节实验测试 F-HTN 生成应急行动方案的速度。分别使用 F-HTN 和 XEPlanner 对上述 10 个应急物流规划问题进行求解，它们生成应急行动方案所需要的规划时间对比结果如图 4 - 6 所示。

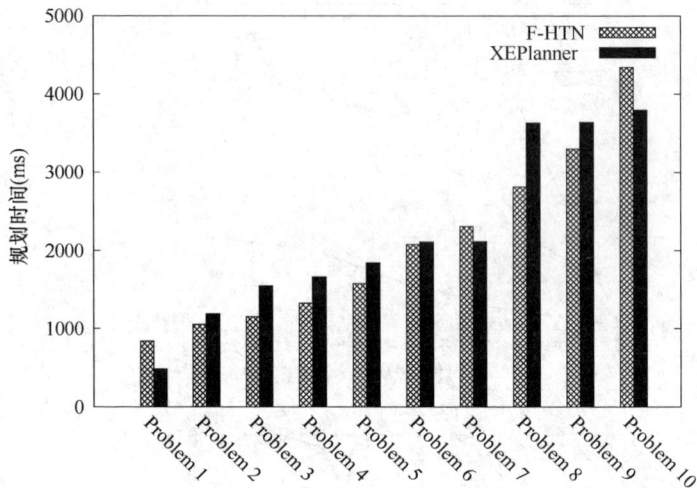

图 4 - 6   F- HTN 和 XEPlanner 生成应急行动方案的规划时间对比

通过图 4 - 6 中的结果可以发现，F- HTN 和 XEPlanner 都能够很快地生成应急行动方案。对于部分规划问题，尽管 F- HTN 相对 XEPlanner 需要更多的规划运行时间，但是还在一个可以接受的范围内。说明即使使用了更加复杂的启发式搜索，F- HTN 生成应急行动方案所需要的规划时间并没有显著增加。对于某些问题，如这 10 个应急任务规划问题中的 Problem 2、Problem 5 和 Problem 9 等，F- HTN 比 XEPlanner 需要更少的规划运行时间。发生这一现象的原因是 F- HTN 中启发式所引导的搜索分支恰好是能够最大可能地满足时态约束的分支。另外，F- HTN 生成的方案能够更好地应对应急行动方案执行过程中遇到的时态异常并且需要更少的重规划，因此，在实际的突发事件应急响应过程中，*FHTN- CON* 的总体规划运行时间往往要小于 *XEP- REP* 和 *XEP- CON* 的规划运行时间。

4.6   本章小结

在实际的突发事件应急响应决策环境下，时态异常是应急行动方案执行过程中最常见的异常之一。为了避免应急行动方案在执行过程中遇到的时态异常而导致不必要的重规划，本章提出一种考虑应急行动方案时间柔性的 HTN 应急任务规划方法：*FHTN- CON*。*FHTN- CON* 包含两个部分：F- HTN 用来生成一个高质量的带时态柔性的应急行动方案；Controller 用来对这个带时态柔性的应急行动方案进行执行和监控。*FHTN-CON* 的主要特点如下：

（1）使用 STN 来表示应急行动方案制订中规划领域知识和规划问题复杂的时态约束信息；

（2）在应急行动方案生成过程中，使用 STN 的柔性度作为启发式信息引导规划搜索的方向，最终生成一个高质量带时间柔性的应急行动方案；

（3）在应急行动方案的执行过程中，Controller 检测原始方案的有效性并对方案进行调整以减少重规划次数。

通过一组应急物流任务规划问题，验证了本章提出的方法能够生成高质量的应急行动方案，并且可以很好地应对方案执行过程中遇到的时态异常。和其他能够处理时态的规划器相比，*FHTN-CON* 能够生成更高质量的应急行动方案。和现有的方案修复方法相比，*FHTN-CON* 能够利用高质量的应急行动方案来应对方案的执行异常，并且使用全局信息对方案进行调整。这些特点使得 *FHTN-CON* 能够更好地应对应急行动方案执行过程中可能遇到的时态异常。

第 5 章
基于权重偏好的应急任务规划多目标优化方法

在突发事件应急任务规划中，对应急行动方案的评价不仅包括时态偏好度和柔性度，很多情况下还需要同时考虑应急行动方案的多个性能指标。例如，制订一个应急运输方案同时需要考虑这个应急行动方案的成本、消耗时间和执行风险等因素。这多个性能指标并不都是一致的，有时甚至是相互矛盾的。例如：运输成本最少的应急行动方案可能需要消耗更多的执行时间和面临更大的执行失败的风险；消耗时间最少的应急行动方案可能需要更多的执行成本和面临较大的失败风险；同样，执行风险最小的方案可能需要更多的执行成本和执行时间。对于这种情况，需要同时在方案的成本、执行时间和执行风险等目标上进行优化。这就是突发事件应急任务规划的多目标优化问题。

多目标优化问题在现实生活中是普遍存在的，它要求至少对问题中的两个性能指标同时进行优化。在智能规划领域，也同样存在大量需要对方案进行多目标优化的问题。例如，要求生成的方案不仅消耗的成本最少而且执行的时间最少，这两个目标往往是难以同时达到的。启发式搜索[119-122]是一种应用广泛的方法对方案进行优化，但大部分仅用于对方案进行单目标优化，例如：方案的完成时间[123]、方案的长度[124-125]和方案的执行成本[126]等。对方案进行多目标优化和单目标优化有很大的区别，在多目标优化中，各目标之间要求是不一致的或者相互矛盾的，许多多目标规划问题都不存在一个使各个目标都最优的方案（例如，不仅执行成本最少而且花费的执行时间也最少的方案），多目标规划问题的解一般也不是一个方案，而是一个由互不支配的方案所组成的非支配方案集合。基于聚合（Aggregation）的方法是最早也是最常见处理多目标优化问题的方法。这种方法是通过加权和法将多目标优化问题转化为单目标优化问题并使用一般的单目标优化问题进行求解。以某个多目标规划问题为例，这个规划问题要求对方案的完成时间（makespan）和成本（cost）同时最小化，可以使用一个权重参数 $\alpha \in [0, 1]$ 将这个多目标优化规划问题转化为单目标优化规划问题，单目标优化规划问题的最小化目标函数变为 $\alpha \times makespan + (1 - \alpha) \times cost$，当分配不同的 α 值，可以生成多个单目标优化规划问题，使用一般的单目标优化规划算法分别对这些单目标优化规划问题求解，因为在不同的 α 值下，单目标优化规划问题的目标函数是不一样的，它们的解（方案）也有可能是不一样的，通过在不同的 α 值下多次求解单目标优化规划问题，最终可以获得一个非支配方案集合。根据这一思路，已经开发了多个多目标优化规划器，例如：Multi-pegg[127]、MO-GRT[128]、Sapa[129] 和 LPG[130] 等。基于聚合的方法需要首先获知各目标的可能范围，然后对其进行归一化才能将多个目标加权和为一个目标。然而，一些目标的可能范围在现实中是未知的，从而无法进行归一化，给这种方法的使用带来很大的障碍。同时，基于聚合的方法需要对规划器运行多次才能获得非支配方案集合，将消耗掉大量的规划运行时间，使其难以直接应用于需要快速响应的应急行动方案制订中。另一种是基于 Pareto 的方式[131]。与基于聚合的方式不同，基于 Pareto 的方式不需要运行多次即可获得一个非支配方案集合。MO-DAE[132] 是基于 Pareto 的方式处理规划中多目标优化的一个规划器。MO-DAE 是在启发式规划器 YAHSP[133] 的基础上设计的，并引入进化算法对规划空间进行搜索[134]。进化算法是一种群体进化算法，通过适应度选择优秀的个体参与进化，并通过变异算子随机产生包含优秀基因的个体，优秀的个体在进化过程中被保留和强化，最终产生最优个体。由于是全部个体参与进化计算，进化算法特别适合用于求解多目标优化问题。MO-DAE 借助于进化算法处理多目标优化的能力，只需运行一次规划算法，即可获得一个非支配方案集合。但是，MO-DAE 只能表示特殊动作的成本而无法表达状态的数字特征[132]，更无法表达复杂的应急领域知识，这极大限制了 MO-DAE 在实际规划问题中的应用。但是，目前存在的多目标优化规划器都属于经典规划方法。经典规划方法无法像 HTN 规划方法一样对复杂的应急行动方案制订规划问题进行描述，也无法充分利用应急领域知识对应急行动方案制订规划问题进行快速求解。因此，急需研究如何在 HTN 应急任务规划方法中考虑应急行动方案的多目标优化，从而为应急决策者生成高质量的应急行动方案。

为了解决突发事件应急任务规划中的多目标优化问题，本章和下一章分别提出两种多目标 HTN 应急任务规划方法。本章首先介绍针对的决策者提供了各目标之间的权重偏好信息的多目标应急任务规划方法：基于偏好信息的多目标 HTN 优化方法 PSA（Preference-based Multi-Objective Search Algorithm HTN approach）。本章首先介绍突发事件应急任务规划问题中的多目标优化问题及其相关概念；其次详细分析基于权重偏好的应急任务规划方法 PSA 的思路和过程；最后，使用案例分析来验证本章应急任务规划多目标优化方法的有效性。

5.1 问题描述

考虑这样一个突发事件应急任务规划问题。某防汛抗旱指挥部收到某河段的险情预警报告，需要筹集 10 吨抢险物资，制订运输方案将抢险物资运输到险情点。当前可供调配和征用的运输队伍共有 5 支，不同运输队伍执行运输任务的成本不同，运输队伍的初始位置不同，每个任务还有多条运输路径可供选择。该应急运输规划问题存在多个可行的应急行动方案，按照不同方案执行运输任务，所需的应急响应时间和成本会有很大的差别。评价这些应急行动方案的质量需要同时考虑运输时间和运输成本，这两个评价指标往往是相互矛盾的，运输时间短的运输方案有时会花费较高的运输成本；反之，运输费用低的方案会需要较长的运输时间。对于这样的突发事件应急任务规划问题，如何综合考虑运输成本和运输时间这两个指标，生成高质量的应急运输方案？

针对上述突发事件应急任务多目标优化问题，在传统 HTN 规划问题的定义上定义多目标 HTN 规划问题。本章主要考虑能够提供目标间权重偏好的突发事件应急任务多目标优化问题。因此，这里首先定义带权重偏好的多目标 HTN 规划问题。

定义 5.1（带权重偏好的多目标 HTN 规划问题）一个带权重偏好的多目标 HTN 规划问题是一个 6 元组 $P^* = (s_0, \omega_0, O, M, F, \omega)$。其中 (s_0, ω_0, S, O, M) 是一个传统的 HTN 规划问题；F 是一个目标优化函数向量 $(f_1(\pi), \cdots, f_n(\pi))$，用

来评价规划问题的方案 π（如果没有特殊说明，本书后续所有的目标函数中的评价指标假设为越小越好）；ω 是一个权重向量，表示决策者对目标优化函数的权重偏好信息。

带权重偏好的多目标 HTN 规划问题 P^* 和传统的 HTN 规划问题 P 的不同在于 P^* 中多了一个方案的优化目标函数向量和一个表示决策者对这些目标之间的偏好信息的权重向量。带权重偏好的多目标 HTN 规划问题 P^* 的输入包含了一些目标函数，如（：*metric minimize*（*cost*）），（：*metric minimize*（*makespan*）），（：*metric minimize*（*risk*）），以及表示这些目标函数之间重要程度的权重系数，如 $\omega = (\omega_1, \omega_2, \omega_3)$。

定义 5.2（方案之间的优劣关系）方案 π_1 和 π_2 分别是带权重偏好的多目标 HTN 规划问题的两个可行方案，称方案 π_1 优于方案 π_2，如果有：$\omega_1 \times f_1(\pi_1) + \omega_2 \times f_2(\pi_1) + \cdots + \omega_n \times f_n(\pi_1) < \omega_1 \times f_1(\pi_2) + \omega_2 \times f_2(\pi_2) + \cdots + \omega_n \times f_n(\pi_2)$。

带权重偏好的多目标 HTN 规划问题的解不仅要求生成一个可行的方案，还需要这个方案优于其他可行方案。

传统的 HTN 操作符[23]可以表示操作符的一个评价指标，为了同时在操作符上表示多个评价指标，本章在传统操作符的基础上进行扩展，定义如下：

定义 5.3（扩展的操作符）一个扩展的操作符是一个 6 元组 $operator = (\text{:}operator\ head(o), precond(o), delete(o), add(o), costs(o))$。其中：：*operator* 表示这是一个操作符；$head(o)$ 表示这个操作符的头（包含操作符的名字和一个参数列表）；$precond(o)$ 表示这个操作符可以使用时的前提条件；$delete(o)$ 表示使用这个操作符实例化的动作执行后的删除效果；$add(o)$ 表示使用这个操作符实例化的动作执行后的添加效果；$costs(o)$ 是一个向量（$c_1(o)$, $c_2(o)$, $\cdots$, $c_n(o)$），向量中的每个元素 $c_i(o)$ 表示这个操作符实例化的动作的一个评价指标。

扩展的操作符的一个例子如图 5 – 1 所示。它表示将一辆汽车从某地驾驶到另一个地方，它在开始执行时要满足的条件是：该汽车在出发地，并且有足够的燃油等；当这个操作符实例化的动作执行完毕时，它的删除效果是车辆在出发地，汽车燃油数量为初始燃油数量；操作符实例化的动作执行后的添加效果是：汽车在目的地，汽车当前燃油数量为初始燃油数量减去消耗掉的燃油数量；这个操作符又可以表示实例化动作 ! *drive* 的两个性能特征：持续时间和燃油消耗成本。

```
( :operator
    head: (!drive ?a ?c1 ?c2)
    precond: ((car ?a) (local ?c1) (local ?c2)
        (at ?a ?c1) (fuel ?a ?fuel) (distance ?c1 ?c2 ?dist)
        (speed ?a ?speed) (assign ?duration (/ ?dist ?speed)
        (burn ?a ?burn) (assign ?fuel-cost (* ?dist ?burn))
        (assign ?new-fuel (- ?fuel ?cost)) (> ?new-fuel 0))
    delete: ((at ?a ?c1) (fuel ?a ?fuel))
    add: ((at ?a ?c2) (fuel ?a ?new-fuel))
    costs: ((?duration) (?fuel-cost)) )
```

图 5-1　扩展的操作符实例

使用这样的扩展操作符，行动方案或者部分方案的多个性能指标可以方便地计算出来。图 5-2 是基于扩展的操作符的部分方案片段：卡车 truck1 将货物 cargo1 从地点 loc1 运输到地点 loc2 的行动方案由 3 个动作构成： < (! *boardcargo1truck1loc1*) (! *movetruck1loc1loc2*) (! *debarkcargo1truck1loc2*) >。这个行动方案

```
( head: (!board cargo1 truck1 loc1)
    precond: ((cargo cargo1) (truck truck1)
        (local loc1) (at truck1 loc1) (at cargo1 loc1))
    delete: ((at cargo1 loc1))
    add: ((in cargo1 truck1))
    costs: (0.2 0.5) )
( head: (!move truck1 loc1 loc2)
    precond: ((truck truck1) (local loc1) (local loc2)
        (at truck1 loc1) (fuel fuel1 80) (distance loc1 loc2 110)
        (burn truck 0.18) (speed truck 95) (assign fuel-cost (* 110 0.18))
        (assign new-fuel (- fuel1 fuel-cost)) (assign duration (/ 110 95)))
    delete: ((at truck1 loc1) (fuel fuel1 80))
    add: ((at truck2 loc2) (fuel fuel1 new-fuel))
    costs: ((duration) (fuel-cost)))
( head: (!debark cargo1 truck1 loc2)
    precond: ((cargo cargo1) (truck truck1) (local loc2)
        (at truck1 loc2) (in cargo1 truck1))
    delete: ((in cargo1 truck1))
    add: ((in cargo1 loc2))
    costs: (0.15 0.35) )
```

图 5-2　部分方案片段实例

的执行时间和耗费成本 2 个评价指标可以计算得到：$((0.2+1.16+0.15)(0.5+19.8+0.35))=(1.51\ 20.65)$。在 $(1,0.2)$ 的权重偏好下，该部分方案的质量为 5.64；在 $(2,0.1)$ 的权重偏好下，该部分方案的质量为 5.086。

5.2　PSA 规划方法的基本流程

求解带权重偏好的多目标 HTN 规划问题，不仅要获得可行的行动方案，而且要求得到质量更好的行动方案。而在应急行动方案制订过程中，规划问题的搜索空间一般比较大，有限的时间内无法通过遍历搜索空间中所有节点来找到最优方案。因此，为了快速获得高质量的应急行动方案，PSA 方法结合了启发式搜索和 Anytime 搜索的策略。PSA 规划方法的基本流程如图 5－3 所示。PSA 具有如下特点：（1）在选择搜索方向的时候，PSA 不是盲目搜索，也不像 SHOP2 一样使用深度优先的启发式（Depth first heuristic），而是使用一种基于放松当前任务网络的新的启发式规则；（2）PSA 在获得一个可行的应急行动方案之后并不会马上终止算法，而是对规划搜索空间进行削减（将不可能产生比当前方案更优的搜索空间削减掉），然后继续搜索其他有可能更优的行动方案。在 PSA 的规划过程中，随着规划时间的持续延长，将不断产生质量更加好的应急行动方案，直到规划算法终止，输出当前找到的最好的应

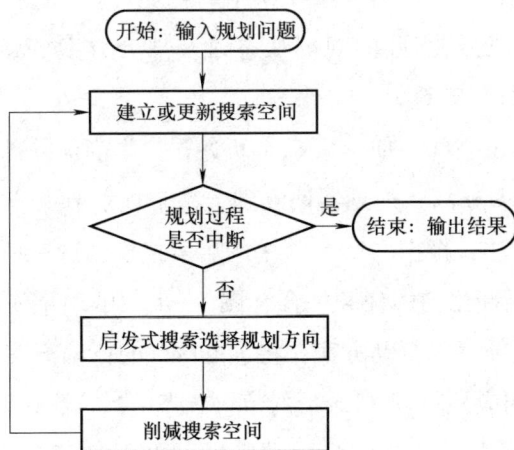

图 5－3　PSA 规划方法的基本流程

急行动方案。

PSA 的规划过程如图 5-4 所示。PSA 的输入是一个带偏好多目标 HTN 规划问题 $P^* = (s_0, \omega_0, O, M, F, \omega)$，输出则是当前找到的最好的应急行动方案。PSA 的主要规划过程包括如下几个步骤：

步骤 1　初始化：变量 *planBest* 记录当前已经获得的最好应急行动方案，初始化为一个空方案；变量 *G. best* 存储这个方案的质量评价值，将其初始化为一个足够大的实数；变量 *planCurrent* 记录当前规划过程中产生的部分行动方案片段，将其初始化为空；变量 *T* 记录待分解的任务网络，将其赋值为初始任务网络 ω_0；变量 T_0 存储规划过程中没有先序任务的任务集合。

步骤 2　终止条件判断：判断终止条件是否成立，终止条件包括接收到的外部中断指令或达到设定的规划运算时间（图 5-4，第 4 行）。如果终止条件成立，则返回 *planBest* 存储的应急行动方案及 *G. best* 存储的值（图 5-4，第 5 行）；否则，转入步骤 3。

步骤 3　判断是否已经生成可行的应急行动方案：判断变量 *T* 是否为空，如果为空，表示所有的复合任务均分解为原子任务，此时变量 *planCurrent* 存储的部分行动方案是完整的行动方案，则转到步骤 8；否则，转入步骤 4。

步骤 4　选择一个任务：随机从没有先序任务的任务集合中选择一个任务 *t*，如果 *t* 是一个原子任务，执行步骤 5；否则，执行步骤 7。

步骤 5　执行操作符：根据本章 5.3 中的启发式规则选择一个操作符并应用于当前的原子任务，更新当前的规划状态以及部分方案 *planCurrent*（图 5-4，第 19 行），然后执行步骤 6。

步骤 6　削减搜索空间：如本章 5.4 所述，如果当前的部分方案 *planCurrent* 劣于当前最好方案 *planBest*，规划器回溯到上一个规划节点，执行步骤 2。

步骤 7　执行方法：根据本章 5.3 中的启发式规则选择一个方法对当前的复合任务进行分解，更新当前的任务集合（图 5-4，第 30 行），执行步骤 2。

步骤 8　更新当前最优行动方案：将 *planBest* 的行动方案更新为当前所生成的行动方案，同时相应地更新 *G. best* 的值（图 5-4，第 8 行）；然后继续规划算法：重置当前搜索节点，赋值为规划问题的初始搜索节点（图 5-4，第 9 行），转到步骤 2。

Require:

A multi-objective HTN planning problem $(s_0, \omega_0, O, M, F, \omega)$

1:   $planCurrent \leftarrow$ the empty plan, $planBest \leftarrow$ the empty plan

2:   $G.best \leftarrow$ the worst case upper bound, $T \leftarrow \omega_0, s \leftarrow s_0$

3: **while** 1 **do**

4:    **if** The termination criterion is true **then**

5:     Return $planBest$ and $G.best$

6:    **end if**

7:    **if** $T = \emptyset$ **then**

8:     $planBest \leftarrow planCurrent, G.best \leftarrow F(planBest)$

9:     $s \leftarrow s_0, T \leftarrow \omega_0, planCurrent \leftarrow \emptyset$

10:    **end if**

11:    $T_0 \leftarrow \{\, t \in T \;:\; \text{no other task in } T \text{ is constrained to precede } t \,\}$

12:    Non-deterministically choose any $t \in T_0$

13:    **if** t is a primitive task **then**

14:     $A \leftarrow \{\, (a, \theta), a \text{ is a ground instance of an operator in } O,\ \theta \text{ is a substitution that unifies } \{head(a), t\}, \text{ and } s \text{ satisfies } a's \text{ preconditions} \,\}$

15:     **if** $A = \emptyset$ **then**

16:      Backtrack

17:     **else**

18:      choose a pair $(a, \theta) \in A$ by heuristic search in Section 5.3.2

19:      $s \leftarrow s + add(a) - delet(a), planCurrent \leftarrow planCurrent + a, T \leftarrow T - t$

20:      **if** $F(currentPlan) > F(planBest)$ **then**

21:       Backtrack

22:      **end if**

23:     **end if**

24:    **else**

25:     $M \leftarrow \{\, (m, \theta), m \text{ is an instance of a method in } D, \theta \text{ unifies } \{head(m), t\}, pre(m) \text{is true in} s, \text{ and } m \text{ and } \theta \text{ are mgu} \,\}$

26:     **if** $M = \emptyset$ **then**

27:      Backtrack

28:     **else**

29:      choose a pair $(m, \theta) \in M$ by heuristic search in Section 5.3.2

30:      decompose t by m and update T

31:     **end if**

32:    **end if**

33: **end while**

图 5 - 4　PSA 的规划过程

5.3 PSA 中的启发式搜索策略

为了生成更好的应急行动方案，PSA 需要在规划过程中对搜索方向加以引导，使规划器能够向着更好的方向寻找方案。

基于决策者提供的权重偏好信息 ω 设计启发式搜索。在 PSA 的规划过程中，当遇到多个方法可以分解同一个复合任务时，使用一个启发式函数 $f(m) = h(m,s,t)$ 来评估方法的质量，即使用 m 在状态 s 下对复合任务 t 进行分解所获得的方案 π 的质量作为函数值。规划器生成 π 的过程中使用的是和 SHOP2 一样的深度优先搜索。如果无法生成一个可行方案，则令 $f(m)$ 为一个充分大的数，否则 $f(m) = h(m,s,t) = (\omega_1 \times f_1(\pi) + \omega_2 \times f_2(\pi) + \cdots + \omega_n \times f_n(\pi))$。PSA 分别计算当前可行方法的质量，优先选择质量最好的方法对当前的复合任务进行分解。另外，在 PSA 的规划过程中，如果有多个操作符可以应用于同一个原子任务，则使用相同的过程估计操作符的质量并优先选择最好的操作符进行应用。

例如，在一个应急物流运输规划问题中，假设应急运输方案的执行时间和风险与运输队伍的种类以及运输模式相关。在规划过程中，有 5 个方法能够对复合任务 travel（P1 A B）进行分解。PSA 依次尝试选择这 5 个方法对这个任务进行分解并生成方案，这些方案的质量作为评估这些方法在当前状态下分解这个复合任务的启发式函数值。每个方法对应一个启发式函数值：（*by-team*1-*fast*：（5h，0.4）），（*by-team*1-*slow*：（8h，0.35）），（*by-team*2-*fast*：（5h，0.5）），（*by-team*2-*slow*：（6.5h，0.3）），（*by-team*3-*slow*：（9h，0.5））。在权重偏好为（0.1，4）的时候，PSA 优先选择 *by-team*2-*fast* 分解复合任务 travel（P1 A B）；在权重偏好为（1，0.4）的情况下，PSA 优先选择 *by-team*1-*fast* 分解复合任务 *travel*（P1 A B）。

在这个启发式搜索过程中，规划器只考虑当前选择什么样的方法或操作符进行执行，而没有考虑全局的信息，为了从全局考虑，本章将 Anytime 搜索融合到 PSA 的规划算法中。

5.4 PSA 中的 Anytime 搜索策略

在本章5.3介绍的启发式搜索过程中，PSA 只考虑当前选择什么样的方法

或操作符进行下一步规划搜索，而没有考虑全局的信息，为了从全局考虑，PSA
还使用了 Anytime 搜索策略进一步提高生成的应急行动方案的质量。

　　根据 Anytime 搜索的原理，在 PSA 的规划过程中，当获得一个可行的应急
行动方案之后并不会像传统的 HTN 规划一样结束搜索，而是继续寻找其他方
案。当 PSA 结束时（达到预定的最大规划运算时间或者被决策者中断），将会
返回当前得到的最优应急行动方案。在 PSA 的规划过程中，对搜索空间的削减
策略保证了新生成的应急行动方案优于已获得的应急行动方案。

　　搜索空间的削减是 PSA 中 Anytime 搜索的另一个重要步骤。在 PSA 规划中，
应急行动方案的生成是通过将可行动作不断添加到动作组合中来完成的，那些
还没有形成完整的应急行动方案的动作组合被称为部分应急行动方案。在部
分应急行动方案的生成过程中，使用当前的部分应急行动方案和已经得到的
应急行动方案进行对比评价，如果当前的部分应急行动方案已经被证实较劣，
则将这个部分应急行动方案所在的搜索分支从搜索空间中削减掉，从而减小
搜索空间，并使 PSA 能够更快地向着具有更高质量的应急行动方案的方向展
开搜索。

　　下面以一个简单的规划例子说明削减策略在 PSA 规划过程中是如何使用的。
假设一个规划任务是将一批物资从 A 地转移到 B 地，有 4 支不同的运输队伍
team 1、team 2、team 3 和 team 4，分别位于 C、D、E 和 F 4 个地点。如图 5-5
所示，假设当前已经得到一个可行的应急行动方案（运输队伍 team 1 从 C 地出
发到 A 地，装载货物后从 A 地出发到 B 地，在 B 地卸载货物后返回 A 地），
这个行动方案的费用为 5000 元，需要的时间为 10 小时。费用和时间两个指
标均为成本型指标，为了对两个指标规范化，将两个指标的数值进行线性变
换，设定费用的最大值为 20000 元，时间的最大值为 20 小时，经过预处理
后，这个应急行动方案的两个指标的值为（0.25 0.5）。在 PSA 中，假设费用
和时间指标的偏好权重是（0.5 0.5），存储的是以 team 1 为运输队伍的行动
方案。在继续搜索过程中，选择运输队伍 team 2 执行运输任务时，在生成到
如图 5-5 中所示的部分方案时，这个部分方案需要的费用为 4500 元，时间为
11 小时，与当前最好行动方案进行对比，发现：$0.5 \times 4500/20000 + 0.5 \times 11/20 =
0.3875 > 0.5 \times 0.25 + 0.5 \times 0.5 = 0.375$，说明以 team 2 为运输队伍的执行方案

```
                        ┌─────────────────────┐
                        │  Transfer (cargo, A,B) │
                        └─────────────────────┘
```

┌──────────────────┐ ┌──────────────────┐ ┌──────────────────┐ ┌──────────────────┐
│ 使用运输队伍team1 │ │ 使用运输队伍team2 │ │ 使用运输队伍team3 │ │ 使用运输队伍team4 │
└──────────────────┘ └──────────────────┘ └──────────────────┘ └──────────────────┘

┌──────────────────┐ ┌──────────────────┐ ┌──────────────────┐ ┌──────────────────┐
│ !Move(team1,C,A) │ │ !Move(team2,D,A) │ │ !Move(team3,E,A) │ │ !Move(team4,F,A) │
├──────────────────┤ ├──────────────────┤ ├──────────────────┤ ├──────────────────┤
│ !Board(cargo,team1)│ │ !Board(cargo,team2)│ │ !Board(cargo,team3)│ │ !Board(cargo,team4)│
├──────────────────┤ ├──────────────────┤ ├──────────────────┤ ├──────────────────┤
│ !Move(team1,A,B) │ │ !Move(team2,A,B) │ │ !Move(team3,A,B) │ │ !Move(team4,A,B) │
├──────────────────┤ └──────────────────┘ ├──────────────────┤ ├──────────────────┤
│ !Debark(cargo,team1)│   │ !Debark(cargo,team3)│ │ !Debark(cargo,team4)│
├──────────────────┤   └──────────────────┘ ├──────────────────┤
│ !Move(team1,B,C) │   │ !Move(team4,B,F) │
└──────────────────┘   └──────────────────┘

部分方案(4500元，11小时)
该分支停止搜索，从搜索空间中削减掉

部分方案(3600元，11.5小时)
该分支停止搜索，从搜索空间中削减掉

已生成的可行方案(5000元，10小时)

生成新的可行方案(5500元，9小时)

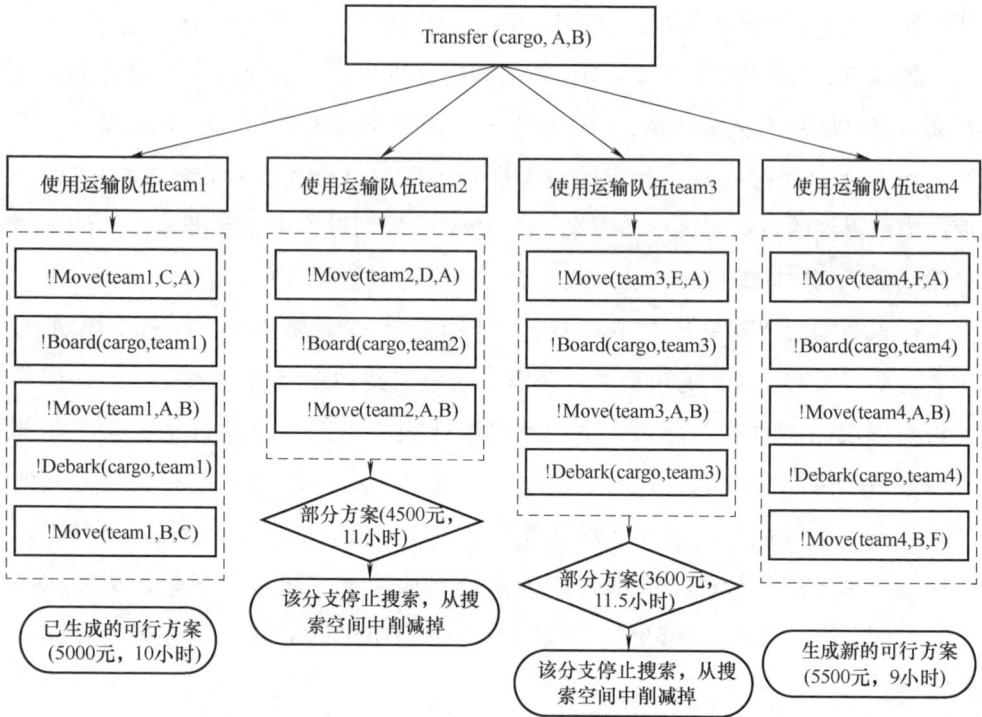

图 5 - 5　PSA 中搜索空间削减策略应用实例

劣于当前最好行动方案，将这一搜索分支削减掉。继续进行搜索，选择 team 3 执行运输任务，当生成到如图 5 - 5 所示的部分行动方案时，发现这个部分行动方案劣于当前最好行动方案，又将这一搜索分支削减掉。再次继续搜索，选择 team 4 执行运输任务，可以生成费用为 5500 元和时间为 9 小时的更优应急行动方案。

5.5　案例分析

5.5.1　案例描述

应急疏散是在应对洪涝灾害突发事件中经常遇到的一类典型的应急任务规

划问题。当洪涝灾害暴发时，需要将灾民和一些重要设备及时运出受灾区以减少损失。应急疏散是一个复杂的决策问题，它涉及多个应急部门和多种应急物资，要同时考虑逻辑推理和数值计算等。此外，所制订的应急行动方案的质量还对应急效果有很大的影响，方案的最大完成时间和消耗的成本都是需要同时考虑的因素。本节使用应急疏散问题作为案例来验证本章应急任务规划多目标优化方法 PSA 的有效性和实用性。

在本节的实验中，设计这样的应急疏散问题：该问题涉及 6 个应急运输队伍，包含 4 个运输灾民的运输队伍和 2 个运输设备的运输队伍。这些运输队伍的具体信息如表 5 - 1 所示。需要疏散的灾民和设备分别在 A_1，A_2，$\cdots$，A_n 处，B_1，B_2，$\cdots$，B_m 则是可以疏散到的安全区域，C_1，C_2，$\cdots$，C_l 是运输站（应急运输队伍停留的初始位置）。各地点相连道路的长度为 $d(x, y)$，如果两地没有相连的道路，则标记为：$d(x, y) = nil$。分配给这次应急疏散任务的燃油总量假设为 M，整个疏散方案所使用的燃油数量不能超过 M。假设应急疏散方案的风险和应急运输队伍、应急队伍使用的运输模式以及选择的道路相关。应急决策者要求制订的应急行动方案同时满足油料消耗最少和方案的执行时间最少，即（（：metric minimize（cost））（：metric minimize（makespan）））。

表 5 - 1　应急运输队伍信息

编号	应急队伍	队伍类型	运输方式	速度	油耗
1	Team 2	buses	fast	40	20
			slow	30	15
2	Team 3	trucks	fast	20	22
			slow	18	15
3	Team 4	buses	fast	50	20
			slow	45	13
4	Team 5	trucks	fast	20	30
			slow	15	17
5	Team 6	buses	fast	40	19
			slow	34	15
6	Team 7	buses	fast	30	25
			slow	27	18

这个应急任务规划问题涉及多个实体，包括位置、运输队伍、灾民、待疏散设备和道路等。位置包括危险区域、安全区域和运输站，运输队伍则包括客车组成的运输队和货车组成的运输队。这个规划问题涉及 5 个原子操作符：! *prepare-evacuate* 是对疏散任务进行的准备工作；! *board* 和 ! *debark* 分别是对灾民/设备的搭乘/装载和下车/卸载；! *fast* 和 ! *slow* 分别是运输队伍的两种运输模式。HTN 规划中还涉及复合任务以及对复合任务进行分解的方法，在这个问题中，顶层的复合任务 *emergency evacuation* 可以被分解为多个子任务：! *prepare-evacuate*、几个 *emergency victim*、几个 *emergency equipment* 和 *rehabilitation*。其中 *rehabilitation* 是将在运输队伍完成运输任务后返回到它们的初始位置等待下一次的疏散任务。复合任务 *emergency victim* 和 *emergency equipment* 可以被分解为多个子任务 *move transport team*（将运输队伍从它们的初始位置转移到灾民/设备所在的位置），*board victim/equipment*，*move transport team*（运输队伍转移到安全区域）和 *debark victim/equipment*。而复合任务 *move transport team directly* 又可以被分解为 ! *fast* 或 ! *slow*。

5.5.2　结果分析

5.5.2.1　PSA 的有效性分析

使用 PSA 求解上述应急疏散任务规划问题，设置 PSA 规划方法的最长规划运算时间为 200 秒。应急行动方案的评价涉及油料消耗和执行时间两个指标，均为成本型指标，将两个指标的数值进行线性变换，设定油料消耗的最大基准值为 20000 升，执行时间的最大基准值为 20 小时，并假设两个指标的偏好权重为（0.2，0.8）。

记录 PSA 在设定的规划运算时间生成的应急行动方案，表 5－2 给出的部分结果是在不同时间内 PSA 可以输出的应急行动方案。通过表 5－2 可以发现，PSA 在生成一个应急行动方案之后并不会终止搜索，而是继续寻找其他更好的应急行动方案，并且后生成的应急行动方案的质量要优于先生成的应急行动方案；PSA 可以在任意时刻中断并返回当前最优的应急行动方案；在 PSA 规划结束时，将返回此次运行所能找到的最好的应急行动方案。

表 5 – 2 PSA 在不同规划时间生成的应急行动方案

生成方案的编号	规划时间（秒）	方案消耗油料	方案执行时间	方案的质量
plan 1	0	11660	11.67	0.583
plan 2	1	12960	10	0.53
plan 3	5	12600	10	0.526
plan 4	10	14300	9.44	0.521
plan 5	50	13940	9.44	0.517
plan 6	100	11180	9.89	0.507
plan 7	200	11740	9.44	0.495

5.5.2.2 PSA 与其他规划方法的对比结果分析

本节实验将使用著名规划方法 SHOP2 和 PSA 进行对比，比较两个规划器生成应急行动方案的质量。在 PSA 中，对目标间的偏好关系设置不同的权重，就可得到不同权重偏好下的应急行动方案。在 SHOP2 中，如果评价指标值都可以用规划问题的状态表示，则可以利用 sort- by 功能求解考虑多评价指标的规划问题。具体来说，将多个评价指标值的加权和设定为 sort- by 的启发式函数，用于引导规划器搜索。这样，在不同的权重下，SHOP2 也能够生成不同的应急行动方案。本次实验设置 11 种不同的权重系数，分别使用 PSA 和 SHOP2 求解上述规划问题。PSA 的最大允许时间和上次实验一样为 200 秒。表 5 – 3 展示了 PSA 和 SHOP2 分别生成方案的对比结果。

通过表 5 – 3 中的结果可以发现：（1）给定不同的权重偏好系数，PSA 和 SHOP2 都可以生成不同的应急行动方案；（2）在相同的权重偏好下，PSA 生成应急行动方案的质量普遍比 SHOP2 生成应急行动方案的质量更好；（3）PSA 生成的应急行动方案容易受到目标间权重偏好系数的影响，如果无法给出精确的权重系数，应急决策者可能难以获得理想的应急行动方案。

表 5 - 3 不同权重偏好下 PSA 和 SHOP2 生成的应急行动方案质量对比

编号	权重偏好系数		SHOP2 得到的方案			PSA 得到的方案			PSA 得到方案的质量比
	消耗油料	执行时间	消耗油料	执行时间	方案质量	消耗油料	执行时间	方案质量	SHOP2 提高的百分比 *
No. 1	1	0	11640	10.33	0.582	10560	12.59	0.528	9.28%
No. 2	0.9	0.1	11720	11.67	0.586	10560	12.59	0.538	8.13%
No. 3	0.8	0.2	11160	11.67	0.563	11180	9.89	0.546	3.01%
No. 4	0.7	0.3	11160	11.67	0.566	11180	9.89	0.54	4.59%
No. 5	0.6	0.4	11760	11.67	0.586	11180	9.89	0.533	9.03%
No. 6	0.5	0.5	13840	9.24	0.577	11180	9.89	0.527	8.70%
No. 7	0.4	0.6	16040	9.0	0.591	11740	9.44	0.518	12.30%
No. 8	0.3	0.7	17320	9.0	0.575	11740	9.44	0.507	11.86%
No. 9	0.2	0.8	18580	9.0	0.546	11740	9.44	0.495	9.27%
No. 10	0.1	0.9	18580	9.0	0.498	11740	9.44	0.484	2.85%
No. 11	0	1	18580	9.0	0.45	11620	8.77	0.439	2.56%

注：* 百分比 = (SHOP2 得到方案的质量 - PSA 得到方案的质量) /SHOP2 得到方案的质量。

5.6　本章小结

在实际应急行动方案制订中，对应急行动方案的评价往往涉及多个性能指标，因此，生成应急行动方案的问题又是一个多目标 HTN 规划问题。本章针对能够提供目标间权重偏好的情况下，设计一种应急任务规划多目标优化方法：PSA。PSA 规划方法具有如下几个特点：

（1）对传统的 HTN 操作符进行扩展，使其能够表达操作符的多个评价指标，进而可以计算行动方案的多个评价指标值；

（2）使用基于偏好权重的方法对应急行动方案进行多目标评价；

（3）PSA 的规划方法充分结合了启发式搜索和 Anytime 搜索策略。借助于启发式搜索，PSA 能够选择合适的规划方向从而生成好的应急行动方案；借助于 Anytime 搜索，PSA 能够将较差的搜索空间削减掉，不仅加快了搜索效率，也保证随着规划时间的延长生成应急行动方案的质量越来越高。

本章通过一组突发事件下应急疏散的应急任务规划问题，验证了 PSA 多目标规划优化方法的有效性和实用性。

针对能够提供目标间偏好信息的多目标 HTN 规划问题，PSA 能够生成高质量的应急行动方案供决策者选择使用。然而，在实际应急响应决策中，准确的目标间偏好信息并不是对任何应急响应决策问题都能够比较容易获得的，如何在无法提供偏好信息的情况下求解多目标 HTN 规划问题是急需解决的课题。下一章将针对无法提供权重偏好信息的情况下，如何对应急任务规划进行多目标优化。

第 6 章

基于支配关系的应急任务规划多目标优化方法

上一章分析了在决策者能够提供准确权重偏好信息的情况下对应急行动方案进行多目标优化。然而，在很多实际的突发事件应急任务规划问题中，由于时间紧迫，应急决策者很难给出不同目标间准确的权重偏好信息。为此，本章讨论在缺乏权重偏好信息下，如何解决突发事件应急任务规划多目标优化问题。

据作者所知，MO-DAE 是目前唯一不需要权重偏好信息可以实现多目标优化的规划器[132]。MO-DAE 使用进化算法对规划空间进行搜索，借助于多目标进化算法的研究成果，MO-DAE 能够快速获得规划问题的非支配前沿。但是 MO-DAE 属于经典的图规划方法，无法表达应急响应决策问题中包含时态约束、资源约束等复杂的状态特征，也无法使用应急领域知识协助规划器快速生成应急行动方案。

为了解决无权重偏好信息情况下的应急任务规划中的多目标优化问题，本章提出一种新的多目标应急任务规划方法：基于支配关系的多目标 HTN 优化方法 DSA（Domination-based Search Algorithm HTN approach）。本章首先介绍通用的突发事件应急任务规划多目标优化问题以及相关的概念，然后详细说明基于支配关系的应急任务规划多目标优化方法 DSA 的思路和规划过程，最后用案例分析来验证本章提出方法的有效性和实用性。

6.1　问题描述

在很多突发事件应急任务规划中，不同目标直接的权重偏好信息很难准确得到。此时，将多目标应急任务规划问题建模为一般的多目标 HTN 规划问题：

定义 6.1（多目标 HTN 规划问题）一个多目标 HTN 规划问题是一个 5 元组 $P_* = (s_0, \omega_0, O, M, F)$。其中 s_0 是规划问题的初始状态；ω_0 是规划问题的初始任务网络；O 是规划问题的操作符集合，具体形式和上一章中的扩展的操作符形式一样；M 是规划问题的方法集合；F 是一个性能评价函数向量 $(f_1(\pi), \cdots, f_n(\pi))$，用来评价规划问题的方案 π 的质量。

和传统的 HTN 规划问题相比，多目标 HTN 应急任务规划问题多了一个用以评价方案质量的函数向量 F。多目标 HTN 应急任务规划问题的输入包含了多个目标函数，如：（: *metric minimize* (*cost*)），（: *metric minimize* (*makespan*)），（: *metric minimize* (*risk*)）。多目标 HTN 应急任务规划问题的解不再是一个任意可行的应急行动方案，而是满足评价函数值最小或最大的方案［如果没有特殊说明，本章中评价函数向量 F 中的项 $f_i(\pi)$ 都是最小化指标］。

在多目标 HTN 应急任务规划问题中，对两个方案进行对比是比较复杂的。例如一个应急物流运输问题，假设有两个应急运输方案：（1）方案 π_1 需要 1000 升汽油花费 4 个小时来完成；（2）方案 π_2 则需要 10 个小时但花费 200 升汽油来完成。方案 π_1 比方案 π_2 耗时少但花费更多的燃料，方案 π_2 与方案 π_1 相比，它需要较少的燃料但花费更多的时间，这两个方案难以比较出孰优孰劣。为此，引入支配关系的定义对多目标 HTN 应急任务规划问题中的方案进行对比。

定义 6.2（方案之间的支配关系）方案 π_1 和 π_2 是规划问题 P^* 的两个可行方案，方案 π_1 支配方案 π_2（记为 $\pi_1 > \pi_2$），如果对每个指标 i $(1 \leq i \leq n)$，$f_i(\pi_1) \leq f_i(\pi_2)$，并且至少存在一个指标 i 使得 $f_i(\pi_1) < f_i(\pi_2)$。

对于两个可行方案 π_1 和 π_2，共有 4 种关系：（1）π_1 支配 π_2（记为 $\pi_1 > \pi_2$），（2）π_2 支配 π_1（记为 $\pi_1 < \pi_2$ 或者 $\pi_2 > \pi_1$），（3）π_1 不支配 π_2（记为 $\pi_1 < \pi_2$）和（4）π_2 不支配 π_1（记为 $\pi_2 < \pi_1$）。

假设 π 是规划问题的一个可行方案，$\Omega = \{\pi_1, \cdots, \pi_n\}$ 是一个方案集合。如果 $\forall i$ $(1 \leq i \leq n) | \pi > \pi_i$，则称方案 π 支配方案集合 Ω（记为：$\pi > \Omega$）。如果在 Ω 中存在一个方案支配方案 π，即 $\exists i$ $(1 \leq i \leq n) | \pi_i > \pi$，则称方案集合 Ω 支配方案 π（记为：$\Omega > \pi$）。另外，假设两个方案集合 Ω_1 和 Ω_2，其中 $\Omega_1 = \{\pi_1, \cdots, \pi_n\}$，如果 $\forall i$ $(1 \leq i \leq n)$，$\pi_i > \Omega_2$，则称 Ω_1 支配 Ω_2（记为 $\Omega_1 > \Omega_2$）。

定义 6.3（非支配方案集合）一个方案集合 $\{\pi_1, \pi_2, \cdots, \pi_m\}$ 称为非支配方案集合，如果对于这个方案集合中的任意两个方案 π_i 和 π_j，π_i 不支配 π_j 同时 π_j 也不支配 π_i。

定义 6.4（Pareto 方案集合）假设 Θ 是一个 HTN 规划问题 P 的方案集合，Ω 是多目标 HTN 规划问题 P^* 的方案集合，Ω 是 Θ 的一个子集合，如果对于 $\forall \pi^* \in \Omega$，$\not\exists \pi \in \Theta$，$\pi > \pi^*$，则称 Ω 是一个 Pareto 方案集合，Ω 又称为一个 Pareto 前沿。

在实际的多目标 HTN 规划问题中，Pareto 方案集合只是一个理论值，是很难获得的。求解多目标应急任务规划问题的目的是得到一个非支配方案集合，并使得这个非支配方案集合尽可能地接近 Pareto 方案集合。然后，应急决策者就可以从这个非支配方案集合中选取合适的应急行动方案来执行。

6.2　DSA 规划方法的基本流程

基于支配关系，设计了多目标 HTN 应急任务规划方法 DSA。DSA 规划方法的总体框架如图 6-1 所示，这个方法联合了启发式搜索和 Anytime 搜索策略。在 DSA 的规划过程中，启发式搜索策略用于选择合适的规划分支：当有多个可行的方法能够用于分解复合任务或者操作符能够执行原子任务时，启发式搜索评估这些方法或者操作符的质量，并对它们进行基于支配关系的排序后选择合适的方法或者操作符继续规划。Anytime 搜索策略则使用削减策略将不可能超过某一界限的搜索空间削减掉，并且维护一个非支配方案集合（DSA 将这个当前的非支配方案集合作为一个界限）。另外，Anytime 搜索策略还判断算法的终止条件，算法终止时，DSA 返回一个当前最优的非支配应急行动方案集合。

DSA 规划方法的基本流程如图 6-2 所示。DSA 的输入是一个多目标 HTN 规划问题 $P^* = (s_0, \omega_0, O, M, F)$，输出是一个当前最优的非支配应急行动方案集合。DSA 的主要规划过程包括如下几个步骤：

步骤 1　初始化变量：变量 *planList* 记录当前获得的非支配方案集合，初始化为一个空集合（图 6-2，第 2 行）。

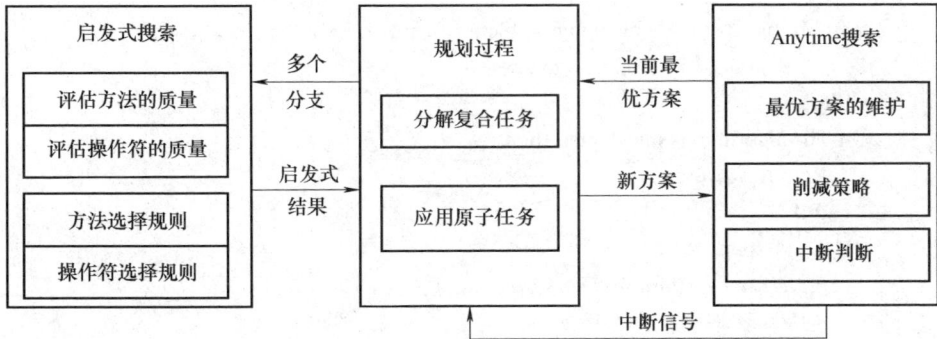

图 6 - 1　DSA 规划方法的总体框架

步骤 2　判断终止条件：如果规划过程被中断（如，用户中断算法或者达到最大规划运算时间。图 6 - 2，第 3 行），算法结束并返回当前的非支配方案集合 *planList*（图 6 - 2，第 7 行）。

步骤 3　判断完整方案：如果部分方案 *plan* 不是一个完整的方案，执行步骤 4；否则，执行步骤 8。

步骤 4　选择一个任务：不确定地从没有先序任务的任务集合中选择一个任务 *t*，如果 *t* 是一个原子任务，执行步骤 5；否则，执行步骤 7。

步骤 5　执行操作符：根据本章 6.3 中的启发式规则选择一个操作符并应用于当前的原子任务，更新当前的规划状态以及部分方案 *plan*（图 6 - 2，第 18 行）；然后执行步骤 6。

步骤 6　削减搜索空间：如本章 6.4 所述，如果当前的部分方案 *plan* 被当前非支配方案集合支配（$planList > plan$）（图 6 - 2，第 19 行），规划器回溯到上一个规划节点，执行步骤 2。

步骤 7　执行方法：根据本章 6.3 中的启发式规则选择一个方法对当前的复合任务进行分解，更新当前的任务集合（图 6 - 2，第 29 行），执行步骤 2。

步骤 8　维护非支配方案集合：根据本章 6.4 中的图 6 - 4 对非支配方案集合 *planList* 进行维护更新，然后重新开始规划新的方案（图 6 - 2，第 8 行），执行步骤 2。

85

Require:

A multi-objective HTN planning problem (s_0, ω_0, O, M, F)

1: $plan \leftarrow \emptyset, planList \leftarrow \emptyset, T \leftarrow \omega_0, s \leftarrow s_0$

2: **while** 1 **do**

3:   **if** The algorithm is interrupted **then**

4:     Return $planList$

5:   **end if**

6:   **if** $T = \emptyset$ **then**

7:    $planList \leftarrow$ **Maintain** $(planList, plan)$

8:    $s \leftarrow s_0, T \leftarrow \omega_0, plan \leftarrow \emptyset$

9:   **end if**

10:   $T_0 \leftarrow \{ t \in T$: no other task in T is constrained to precede $t \}$

11:   Non-deterministically choose any $t \in T_0$

12:   **if** t is a primitive task **then**

13:    $A \leftarrow \{ (a, \theta), a$ is a ground instance of an operator in O, θ is a substitution that unifies $\{head(a), t\}$, and s satisfies $a's$ preconditions $\}$

14:    **if** $A = \emptyset$ **then**

15:     Backtrack

16:    **else**

17:     Choose a pair $(a, \theta) \in A$ based on the **heuristic rule in Section 6.3.2**

18:     Apply the action $a, plan \leftarrow plan + a, T \leftarrow T - t$

19:     **if** $planList \succ plan$ **then**

20:      Backtrack

21:     **end if**

22:    **end if**

23:   **else**

24:    $M \leftarrow \{ (m, \theta), m$ is an instance of a method in D, θ unifies $\{head(m), t\}, pre(m)$ is true in s, and m and θ are mgu $\}$

25:    **if** $M = \emptyset$ **then**

26:     Backtrack

27:    **else**

28:     Choose a pair $(m, \theta) \in M$ based on the **heuristic rule in Section 6.3.2**

29:     Decompose t by m and update T

30:    **end if**

31:   **end if**

32: **end while**

图 6 - 2 DSA 的规划过程

6.3　DSA 中的启发式搜索策略

为了生成好的应急行动方案，需要使用启发式信息引导规划器向着更好的方向寻找方案。在 DSA 中，使用启发式函数对方法和操作符的质量进行评估，并根据评估值选择合适的方法和操作符。

在 DSA 的规划过程中，当遇到多个方法可以分解同一个复合任务时，使用启发式函数 $f(m) = h(m,s,t)$ 来评估方法的质量，这个启发式函数返回一个向量。

启发式函数 $f(m) = h(m,s,t)$ 使用 m 在状态 s 下对复合任务 t 进行分解所获得的方案 π 的质量作为其函数值。规划器生成 π 的过程中使用的是传统的深度优先搜索。如果无法生成一个可行方案，则令 $f(m) = h(m,s,t) = (inf, \cdots, inf)$（$inf$ 表示为一个足够大的实数），否则 $f(m) = h(m,s,t) = (f_1(\pi), \cdots, f_n(\pi))$。

由于启发式函数的值为一个向量，我们对启发式函数值的偏序关系定义为：$h(m,s,t) > h(m',s,t)$，如果 $\pi > \pi'$，其中，π 是使用方法 m 分解后得到的方案，而 π' 是使用方法 m' 分解后得到的方案。下面给出方法之间的支配关系的定义：

定义 6.5（方法之间的支配关系）对于两个方法 m_1 和 m_2，它们都能够在当前的状态 s 下对复合任务 t 进行分解。π 是使用方法 m 分解后得到的方案，而 π' 是使用方法 m' 分解后得到的方案。称 m_1 支配 m_2（记为：$m_1 > m_2$），如果 $\pi_1 > \pi_2$。

假设 m 是一个方法，$M = \{m_1, \cdots, m_n\}$ 是一个方法集合，称 m 支配 M（记为：$m > M$），如果对于 $1 \leqslant k \leqslant n$，$m > m_k$ 成立。另外，对于两个方法集合：$M_1 = \{m_1, \cdots, m_n\}$ 和 M_2，称 M_1 支配 M_2（记为：$M_1 > M_2$），如果对于 $1 \leqslant k \leqslant n$，有 $m_k > M_2$。

假设 M 是能够对当前复合任务 t 进行分解的方法集合，并且假设 M 能够被分成子集合 $M_1, \cdots, M_n$（$M_1 \cup \cdots \cup M_n = M$ 且 $M_i \cap M_j = \varnothing$ 对于 $i \neq j$）。如果 $M_i > M_{i+1} > \cdots > M_n$，那么 $M_i > \cup M_k$（$1 \leqslant i < k \leqslant n$）。这个排序过程如图 6-3 所示，其中 $nth(M, k)$ 是指方法集合 M 中第 k 个方法。DSA 首先从 M_1 中选择一个方法对当前的复合任务进行分解，如果尝试 M_1 中所有的方法都无法获得完整的方案，则选择 M_2 中的方法，以此类推，直到规划算法能够顺利执行下去。另

外，在 DSA 的规划过程中，如果有多个操作符可以应用于同一个原子任务，则使用相同的流程对操作符进行排序并从中选择合适的操作符进行规划。

例如，在一个应急物流运输规划问题中，假设应急运输方案的最大完工时间和风险与运输队伍的种类以及运输模式相关。在规划过程中，有 5 个方法能够对复合任务 $travel$（P1 A B）进行分解。规划器依次选择这 5 个方法对这个任务进行分解并生成方案，这些方案的质量作为评估这些方法在当前状态下分解这个复合任务的启发式函数值。每个方法对应一个启发式函数值：（$by\text{-}team1\text{-}fast$：（5h，0.4）），（$by\text{-}team1\text{-}slow$：（8h，0.35）），（$by\text{-}team2\text{-}fast$：（5h，0.3）），（$by\text{-}team2\text{-}slow$：（8.5h，0.3）），（$by\text{-}team3\text{-}slow$：（9h，0.5））。使用图 6-3 中的算法对它们进行排序则可以得到：$\{by\text{-}team2\text{-}fast\} > \{by\text{-}team2\text{-}slow, by\text{-}team1\text{-}fast, by\text{-}team1\text{-}slow\} > \{by\text{-}team3\text{-}slow\}$。因此，DSA 优先选择 $by\text{-}team2\text{-}fast$ 对复合任务 $travel$（P1 A B）进行分解，如果该分解方法无效，则尝试从 $\{by\text{-}team2\text{-}slow, by\text{-}team1\text{-}fast, by\text{-}team1\text{-}slow\}$ 不确定地选择方法进行分解，如果所有这些方法都无效，DSA 则使用 $by\text{-}team3\text{-}slow$ 对 $travel$（P1 A B）进行分解。

```
Require:
    A set of methods: M
1:  i ← 0
2:  while M ≠ ∅ do
3:      i ← i + 1
4:      M_i ← ∅
5:      for k=1:size(M) do
6:          flag ← true
7:          for j=1:size(M) do
8:              if nth(M, k) ≺ nth(M, j) then
9:                  flag ← false
10:                 break
11:             end if
12:         end for
13:         if flag==true then
14:             M_i ← M_i ∪ nth(M, k)
15:         end if
16:     end for
17:     M ← M − M_i
18: end while
```

图 6-3　对方法基于支配关系的排序

在这个启发式搜索过程中，规划器使用局部信息（如，对当前的任务进行分解）而不是全局信息（如，其他任务分解对当前的任务分解有什么影响）引导搜索方向，为了使用全局信息，本章将 Anytime 搜索融合到 DSA 的规划算法中。

6.4　DSA 中的 Anytime 搜索策略

和 PSA 规划方法类似，在 DSA 中使用 Anytime 搜索策略将不可行的搜索空间削减掉，使得规划器能够向着更优的应急行动方案所在的方向进行搜索。和 PSA 不同的是，DSA 的 Anytime 搜索策略是基于支配关系进行的。

在 DSA 的规划过程中，使用图 6 – 4 中的算法对非支配方案集合进行更新维护。假设当前的非支配方案集合是 Ω，当有新的方案 π 生成时需要对 Ω 进行更新。π 和 Ω 之间有两种关系：π 和 Ω 互不支配；π 支配 Ω 中的某些方案。对于第一种情况，将 π 加入 Ω 中。对于第二种情况，将 Ω 中被 π 支配的方案删除后并将 π 加入 Ω 中。

Require:
 (Ω, π)
1: **if** $\Omega = \emptyset$ **then**
2: $\Omega \leftarrow \pi$
3: **else**
4: **for** i=size(Ω) **do**
5:   **if** $\pi \succ nth(\Omega, i)$ **then**
6:    $\Omega \leftarrow \Omega - nth(\Omega, i)$
7:   **end if**
8: **end for**
9: **end if**
10: $\Omega \leftarrow \Omega + \pi$

图 6 – 4　非支配方案集合的更新维护过程

在 DSA 的 Anytime 搜索中，削减策略能够将部分搜索空间削减掉以保证生成的方案不会超过某个界限，在 DSA 中，这个界限是当前的非支配方案集合，新生成的方案不能被当前的非支配方案集合支配。具体来说，在 DSA 的规划过程中，如果当前的部分方案有更新，则比较这个部分方案和当前的非支配方案集合，如果当前部分方案被当前的非支配方案中的某一方案支配，当前的搜索分支将被削减掉。

削减策略是 DSA 中 Anytime 搜索策略的一个重要部分。下面以一个规划问题案例说明削减策略在规划过程中是如何使用的。假设将一批物资从 A 地转移到 B 地，有 4 支不同的运输队伍 team 1、team 2、team 3 和 team 4，分别位于 C、D、E 和 F 4 个地点。已经得到一个可行的应急行动方案（运输队伍 team 1 从 C 地出发到 A 地，装载货物后从 A 地出发到 B 地，在 B 地卸载货物后返回 A 地），这个应急行动方案的费用为 5000 元，需要的时间为 10 小时。在 DSA 中，存储的是以 team 1 为运输队伍的行动方案构成的当前非支配应急行动方案集合。在继续搜索过程中，选择运输队伍 team 2 执行运输任务时，在生成到如图 6-5 中所示的部分应急行动方案时，这个部分应急行动方案需要的费用为 5100 元，时间为 12.5 小时，将这个部分应急行动方案与当前最好应急行动方案进行对比，发现：（5100，12.5）>（5000，10），说明 team 2 为运输队伍的应急行动方案被已经得到的应急行动方案支配，将这一搜索分支削减掉。继续搜索，选择 team 3 执行运输任务，可以生成费用为 4800 元和时间为 14 小时的行动方案，与已经得到的应急行动方案互不支配，将其添加到当前最优应急行动方案中，构成新的当前非支配应急行动方案集合。再次继续搜索，选择 team 4 执行运输任务，可以生成费用为 5500 元和时间为 9 小时的行动方案，与当前非支配应急行动方案集合中的方案都互不支配。最后，得到包含 3 个应急行动方案的非支配行动方案集合，供决策者从中选择。

使用这个 Anytime 搜索，DSA 能够比 PSA 生成更多的非支配方案。虽然在 PSA 中使用类似的 Anytime 搜索算法，但是 DSA 和 PSA 中 Anytime 搜索有很大的区别：DSA 基于当前部分方案和当前非支配方案集合的支配关系来削减空间，而 PSA 将当前部分方案的多个性能使用偏好权重进行加权后与当前最优方案进行对比来削减空间。在实际应用过程中，PSA 会丢失某些非支配方案。如图 6-6 的例子中，如果 PSA 曾经生成了两个方案 A 和 B，在任意的偏好权重下，方案 C 要么劣于 A 要么劣于 B，PSA 会在生成方案 C 的过程中将该搜索分支削减掉，虽然 C 既不被 A 支配也不被 B 支配。在这个例子中，DSA 则不会将方案 C 所在的搜索分支削减掉。

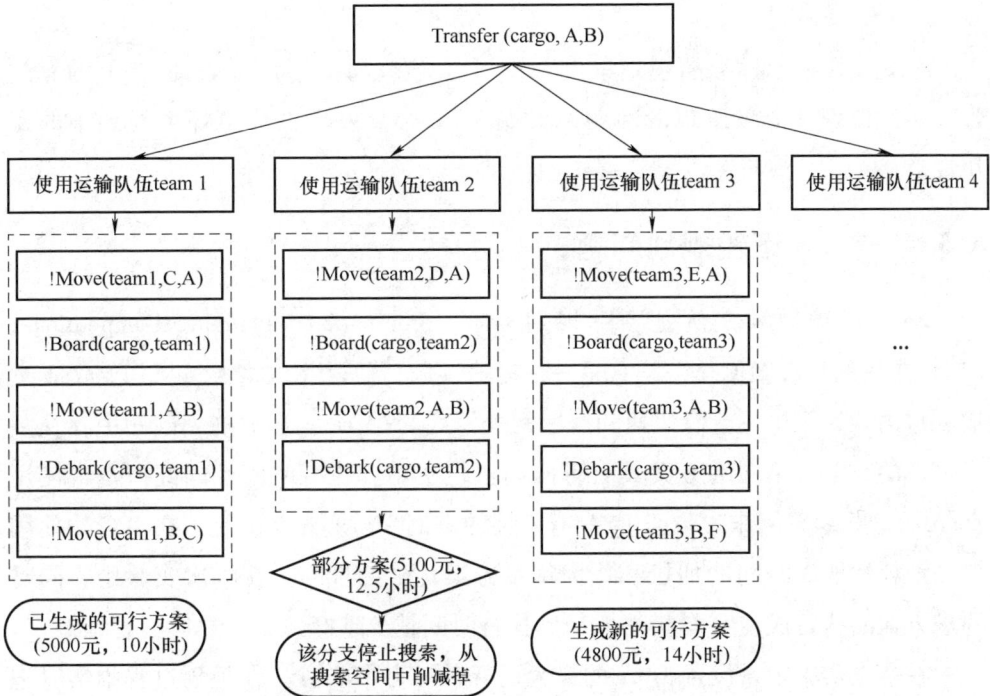

```
                    ┌─────────────────────┐
                    │  Transfer (cargo, A,B) │
                    └─────────────────────┘
```

使用运输队伍team 1	使用运输队伍team 2	使用运输队伍team 3	使用运输队伍team 4

!Move(team1,C,A)	!Move(team2,D,A)	!Move(team3,E,A)	
!Board(cargo,team1)	!Board(cargo,team2)	!Board(cargo,team3)	...
!Move(team1,A,B)	!Move(team2,A,B)	!Move(team3,A,B)	
!Debark(cargo,team1)	!Debark(cargo,team2)	!Debark(cargo,team3)	
!Move(team1,B,C)		!Move(team3,B,F)	

部分方案(5100元，12.5小时)

已生成的可行方案
(5000元，10小时)

该分支停止搜索，从搜索空间中削减掉

生成新的可行方案
(4800元，14小时)

图 6-5　DSA 中削减搜索空间的实例

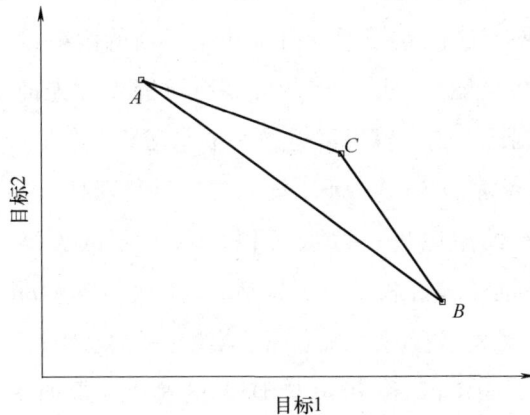

图 6-6　三个方案的图示

6.5 案例分析

首先使用一个标准的规划案例（Zeno 运输规划案例）来验证 DSA 的有效性，然后使用一个应急疏散问题来说明 DSA 中突发事件应急任务规划中的实用性。

6.5.1 Zeno 运输规划问题

Zeno 运输规划案例是国际规划大赛（International Planning Competitions, IPC）常用的标准案例之一。它是一个运输领域，通过飞机将人员从初始位置运输到目的地，飞机飞行有快速和慢速两个模式。在 Zeno 运输规划问题中存在多个可行的方案，不同的方案具有不同的执行费用和执行时间，因此，本章使用 Zeno 运输规划案例作为验证 DSA 有效性的案例。需要注意的是，在 IPC 中使用燃油消耗和所需时间的加权和作为衡量方案优劣的标准。在本次实验中，同时要求方案的执行成本（燃料消耗）和执行时间越少越好。

在本次实验中，设置 DSA 的最大运行时间为 100 秒。在规划过程中实时记录方案的生成情况，部分结果如表 6－1、表 6－2 和表 6－3 所示。

表 6－1、表 6－2 和表 6－3 中的结果表明：DSA 在生成一个可行方案后不会立即结束而是继续寻找其他方案。随着规划时间的延长，越来越多更好的方案被生成，直到规划方法停止搜索。由于使用了新的削减策略，后生成的方案不被先前生成的方案支配，而后生成的方案有可能支配先前生成的方案。规划方法无论在任何时刻被中断，都可以返回一个非支配方案集合。

本节使用 SHOP2 和 PSA 与 DSA 规划方法进行对比。在 SHOP2 中，使用 sort- by 功能[23]对领域知识进行修改可以生成不同的方案。在本次实验中，SHOP2 和 PSA 在不同的偏好权重下分别运行 11 次，PSA 每次运行的最大时间为 100 秒，DSA 的最大运行时间和上面的实验一样是 100 秒。对于 Zeno 运输规划中的 3 个问题，SHOP2 和 PSA 与 DSA 的对比结果如图 6－7、图 6－8 和图 6－9 所示。

表 6-1　Zeno 运输规划问题 Problem 1 随规划时间延长生成的部分方案

编号	1		2		3		4	
规划时间	0.0003s		10s		50s		100s	
性能指标	费用	执行时间	费用	执行时间	费用	执行时间	费用	执行时间
plan 1	6166	18.66	5162	18.6597	5162	18.66	5162	18.66
plan 2			8316	18.18822	4158	22.52	4158	22.52
plan 3			8134	18.37517	7312	13.12	7312	13.12
plan 4			9138	17.35669	6648	14.09	6648	14.09
plan 5					5644	15.55	5644	15.55

表 6-2　Zeno 运输规划问题 Problem 2 随规划时间延长生成的部分方案

编号	1		2		3		4	
规划时间	0.013s		10s		50s		100s	
性能指标	费用	执行时间	费用	执行时间	费用	执行时间	费用	执行时间
plan 1	12420	23.21	16012	21.46	8694	35.33	10989	19.33
plan 2			12099	21.76	9804	20.2	8823	34.95
plan 3					11610	17.8	8694	35.33
plan 4							9804	20.2
plan 5							11610	17.8

表 6-3　Zeno 运输规划问题 Problem 3 随规划时间延长生成的部分方案

编　号	1		2		3		4	
规划时间	0.013s		10s		50s		100s	
性能指标	费用	执行时间	费用	执行时间	费用	执行时间	费用	执行时间
plan 1	15323	31.66796	10599	33.83362	7270	50.46162	6959	48.04372
plan 2			11054	32.16222	8070	49.78941	7534	47.42738
plan 3			12053	31.31875	8415	33.83365	8247	46.82538
plan 4			9899	45.58049	8989	33.34901	8415	33.83365
plan 5					8975	33.36083	8989	33.34901
plan 6					11054	32.16222	8975	33.36083
plan 7					12053	31.31875	11054	32.16222
plan 8					7826	49.97601	12053	31.31875

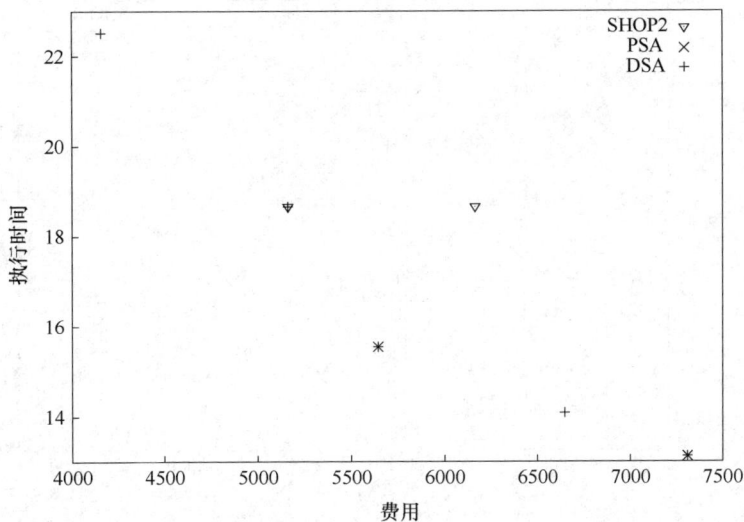

图 6 - 7　Zeno 运输规划问题 Problem 1 的对比结果

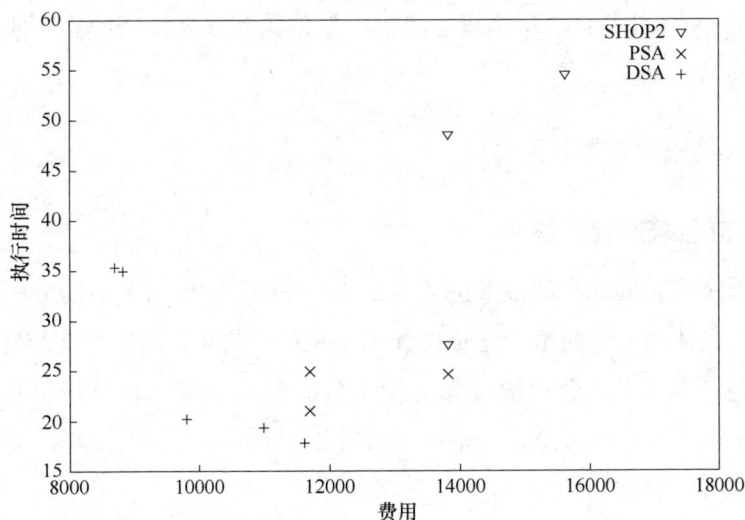

图 6 - 8　Zeno 运输规划问题 Problem 2 的对比结果

通过图 6 - 7、图 6 - 8 和图 6 - 9 的对比结果可以发现：（1）DSA 可以在不提供偏好信息的情况下生成一个非支配方案集合，而 SHOP2 和 PSA 则需要额外

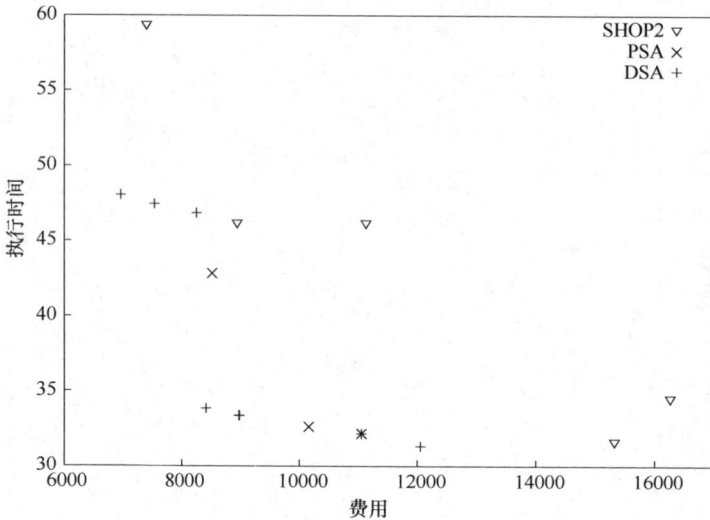

图 6 – 9　Zeno 运输规划问题 Problem 3 的对比结果

的信息才能生成多个方案；（2）DSA 只需运行一次即可获得一个非支配方案集合，而 SHOP2 和 PSA 则需要运行多次；（3）DSA 生成的方案要优于 SHOP2 和 PSA 生成的方案，同时 DSA 生成非支配方案的数量也多于 SHOP2 和 PSA 生成非支配方案的数量。

6.5.2　应急疏散案例

6.5.2.1　应急疏散案例描述

本节使用实际的应急疏散案例来验证 DSA 中应急行动方案制订中的可行性和实用性。具体的应急疏散问题描述详见第 5 章。和第 5 章中设计的应急疏散问题不同的是，本节对应急疏散方案的优化目标为风险最小和执行时间最少，即（（：metric minimize（risk））（：metric minimize（makespan））），是一个更加复杂的应急行动方案制订问题。

6.5.2.2　DSA 的有效性测试

本次实验使用 DSA 求解上述应急疏散规划问题。设置最大规划时间为 2000 秒，并且记录在运行过程中生成的应急行动方案，部分结果如表 6 – 4 所示。

表6-4 随规划时间生成的非支配方案集合

编 号	1		2		3		4	
规划时间	50s		500s		1000s		2000s	
性能指标	风险	执行时间	风险	执行时间	风险	执行时间	风险	执行时间
plan 1	0.339	9.24	0.25	8.76	0.294	8.71	0.11	11.06
plan 2	0.214	11.41	0.312	8.56	0.156	8.89	0.11	11.41
plan 3	0.114	11.67	0.247	8.78	0.33	8.53	0.347	8.42
plan 4	0.234	10	0.297	8.67	0.304	8.64	0.232	8.76
plan 5	0.339	9.24	0.183	8.89	0.313	8.53	0.195	8.78
plan 6			0.136	9.24	0.25	8.76	0.294	8.71
plan 7			0.114	11.67	0.312	8.56	0.156	8.89
plan 8					0.247	8.78	0.33	8.53
plan 9					0.297	8.67	0.304	8.64
plan 10					0.136	9.24	0.313	8.53
plan 11					0.114	11.67	0.312	8.56
plan 12							0.297	8.67
plan 13							0.136	9.24

根据表 6 – 4 中的结果可以发现，DSA 能够快速地获得可行的应急行动方案，并且随着运行时间的延长，更好的应急行动方案被生成，而那些被后来生成的应急行动方案支配的方案在非支配应急行动方案集合中被删除。在 DSA 运行的任意时刻，都可以返回一个非支配应急行动方案集合供应急决策者从中选取。

6.5.2.3 DSA 和其他规划方法的对比结果

本节使用其他规划方法（SHOP2 和 PSA）来和 DSA 进行对比。在本节的实验中，SHOP2 和 PSA 都在 11 个不同的偏好权重下运行 11 次，PSA 每次的最大运行时间为 200 秒，DSA 每次的最大规划时间为 2000 秒（PSA 总的规划时间和 DSA 的 2000 秒近似）。具体的对比结果如图 6 – 10 所示（这个应急规划问题的真实 Pareto 前沿是未知的，图 6 – 10 显示的是在设定的规划时间内 3 个规划方法生成的非支配方案集合）。

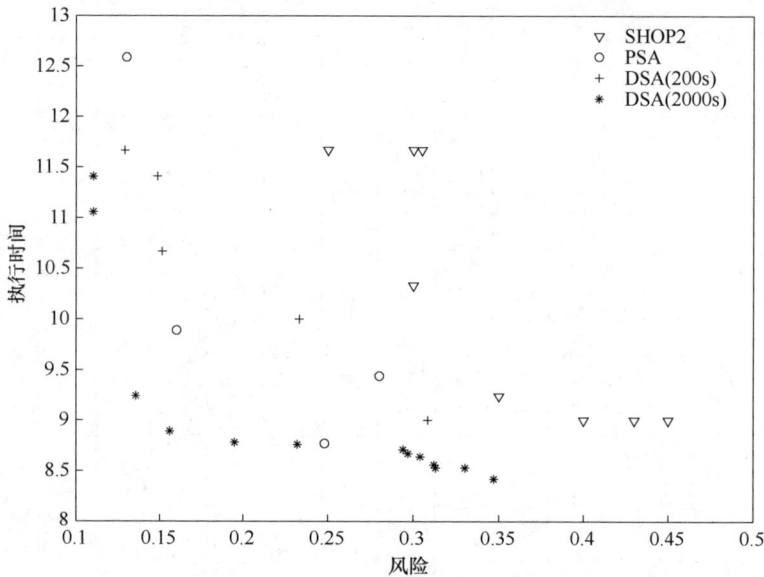

图 6 – 10　DSA、PSA 和 SHOP2 生成应急行动方案的对比结果

通过图 6 – 10 的对比结果可以发现：（1）PSA 和 DSA 都能够有效地处理多目标优化 HTN 规划问题并生成一个非支配应急行动方案集合，SHOP2 生成的方案的质量是最差的，但 SHOP2 得到应急行动方案所使用的规划时间是最少的（因篇幅原因，SHOP2 生成方案的规划时间本章没有给出）；（2）当使用 PSA 时，决策者必须提供多个目标间的偏好权重信息，而使用 DSA 却无须这些额外的信息，使用 DSA 时，决策者可以生成一个非支配应急行动方案集合之后再选

取合适的方案；（3）DSA 运行一次即可获得一个非支配应急行动方案集合，而 PSA 需要在分配不同的权重偏好下运行多次，才可能获得非支配应急行动方案集合；（4）当给定一个合适的权重偏好，PSA 可能生成比 DSA 更好的应急行动方案，因此，在实际应用中，如果目标间的权重偏好能够在应急行动方案获得之前给出，可以使用 PSA；反之，使用 DSA 是一个更好的选择。

6.6　本章小结

在实际的突发事件应急响应中，应急行动方案制订的同时还需要进行多目标优化，同时很多情况下各目标间准确的偏好权重信息难以得到。因此，本章提出一种无须权重偏好信息的基于支配关系的多目标 HTN 应急任务规划方法，DSA 。DSA 的主要特点有：

（1）使用支配关系对多目标 HTN 规划中的应急行动方案进行评价；

（2）将启发式搜索用于 HTN 规划过程中，使用启发式函数对操作符和方法进行评价并对它们基于支配关系进行排序；

（3）将 Anytime 搜索引入 HTN 规划过程中，设计一种新的基于支配关系的削减策略。结合启发式搜索和 Anytime 搜索，DSA 能够随时终止并返回一个非支配方案集合。

使用一组标准规划案例和一个应急行动方案制订问题验证了本章提出的方法 DSA 的有效性，并通过和其他多目标 HTN 规划方法进行对比，论证了 DSA 和 PSA 的特点以及各自的适应性。

在获得应急任务规划问题的非支配应急行动方案集合之后，应急决策者可以使用多属性评价方法（包括但不限于加权和、层次分析法和 TOPSIS 等方法）来选择一个合适的应急行动方案来执行。另外，针对使用加权和的方法来选择合适的方案，在获得一个非支配应急行动方案集合之后进行选择，对设定合适的偏好信息也有一定的帮助。由于是在获得非支配应急行动方案集合之后选择应急行动方案，无须在应急行动方案生成前给出偏好信息（这个信息在目标越多的时候越难确定），DSA 在求解具有更多优化目标（超过 3 个）的突发事件应急任务规划问题中具有更好的应用潜力。

第 7 章

突发事件应急响应模拟决策系统 ▶▶▶▶

在突发事件应急响应过程中，应急环境是动态变化的，突发事件的演化和应急响应的效果是难以预料的。使用突发事件应急响应模拟决策系统对突发事件的演化过程、应急决策过程、应急响应效果进行模拟，直观地将突发事件应急决策的全过程展示出来，从而训练和提高应急管理人员在复杂决策环境下对突发事件的应对能力。本章以城市洪涝灾害这一突发事件为背景，设计突发事件应急响应模拟决策系统，系统考虑城市洪涝的演化、应急响应过程、应急响应效果模拟等问题，实现了在复杂突发事件环境下的应急决策模拟过程。

7.1 系统目标分析

系统考虑的应急环境区域如图 7 - 1 所示，主要包括武汉市的主城区。武汉市属于北亚热带季风性（湿润）气候，年降雨量超过 1000 毫米，并且降雨集中在每年 6—8 月，同时由于武汉市市内江河纵横、湖港交织，在遭遇强降雨的时候极易因为排水不畅和湖水倒灌引起城市洪涝的突发事件灾害。

系统中的突发事件主要考虑因强降雨而导致的城市洪涝。根据我国气象标准，12 小时内降雨量 30 ~ 69 毫米或者 24 小时内降雨量在 50 ~ 99 毫米称为暴雨；12 小时内降雨量 70 ~ 139 毫米或者 24 小时内降雨量在 100 ~ 249 毫米称为大暴雨；12 小时内降雨量大于 140 毫米或者 24 小时内降雨量大于 250 毫米称为特大暴雨。我国内陆城市，特别是北方干旱地区的城市，由于城市排水设施标准偏低，在遭遇特大暴雨等极端天气的时候，极易发生城市洪涝的自然灾害。例如：2021 年 7 月 20 日 16—17 时，郑州市 1 小时的降雨量就达到 210 毫米，

图 7 - 1 武汉市突发事件应急决策模拟系统环境边界示意图

从而导致严重的灾害。

　　系统拟实现城市遭受特大暴雨之后的应急态势演化、突发事件发生模拟、突发事件应急响应过程、突发事件应急响应执行效果模拟等功能。应急态势演化展示在特大暴雨不同降雨量和降雨时长情况下市内各地的水势情况；突发事件发生模拟实现了根据市内各地的水势情况随机产生的突发事件类型和强度；突发事件应急响应过程根据突发事件的类型和强度模拟应急决策部门的决策过程，包括制定应急目标任务、进行应急任务规划、执行应急行动方案等；突发事件应急响应执行效果模拟则实现了应急行动方案的执行过程的展现，以及在应急行动方案执行过程中发生的各种异常情况。

7.2　系统结构与功能分析

　　系统基于分布式事件调度与仿真控制框架设计应急响应模块、应急任务规划模块和应急态势模块等仿真模块，以及规划知识管理和仿真过程管理等辅助功能。其总体结构框架如图 7 – 2 所示。其中各部分实现的功能如下。

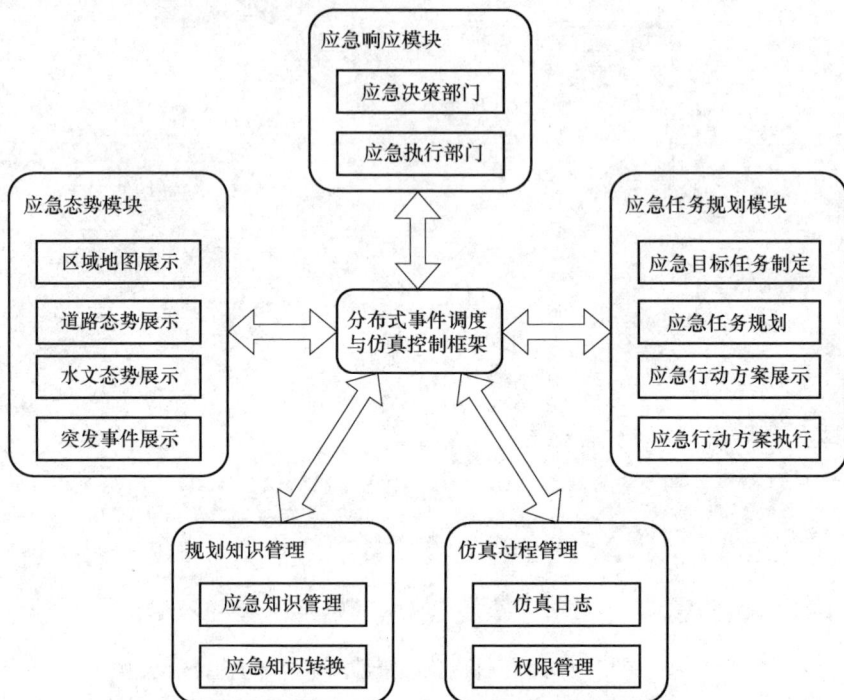

图 7 – 2　突发事件应急响应模拟系统总体结构示意图

（1）应急响应模块：该模块主要用于应急组织决策过程和应急行动方案执行的仿真，包括突发事件应急决策部门的应急任务、应急目标等的上传下达，以及应急执行部门收到应急行动方案的指令等。

（2）应急任务规划模块：该模块用于应急目标任务制定、应急任务规划、应急行动方案展示以及应急行动方案的执行等过程的实现和模拟。该模块可以根据应急响应模块中应急决策者下达的应急任务和应急目标等，调用不同的 HTN 方法生成应急行动方案。该模块是模拟决策系统的核心部分，本书的理论研究成果也主要集成在该模块中。

（3）应急态势模块：应急态势模块提供模拟决策系统中涉及的外部环境和内部环境，包括且不仅限于：道路模型、关键节点模型、水文模型、突发事件模型等。应急态势模块还提供了应急环境的演化状态，以及应急响应对应急环境的影响变化、应急行动方案执行对应急态势的影响演化等。

（4）规划知识管理：应急领域知识是 HTN 进行应急任务规划的重要依据，在 HTN 规划中占据十分重要的地位。规划知识管理模块提供了对应急知识的管理，将应急预案、应急案例、应急专业知识等进行归档管理；应急知识转换模块则将这些应急领域相关知识通过本体转换[135]转换为 HTN 规划能够识别的"方法"和"操作符"等规划领域知识。

（5）仿真过程管理：提供模拟决策系统运行过程中的仿真日志管理和权限管理等功能。

7.3 系统关键技术

7.3.1 应急态势仿真：GIS

GIS 是处理空间地理信息的主要技术手段，它可以对地理空间数据进行采集、存储、分析和管理。在洪水灾害、地震、城市应急等突发事件应急决策领域中得到广泛的应用。QGIS 作为一款开源的 GIS 软件，它具有免费、跨平台、强大的空间分析能力、数据格式支持性强、可扩展性强等诸多优点，受到许多 GIS 工作者和科研人员的喜爱。QGIS 能够提供数据浏览、地图制作、数据管理与编辑、空间数据处理与空间分析、地图服务等功能，还提供 PyQGIS 脚本支持 Python 语言。突发事件应急响应模拟决策系统即使用 Python 对 QGIS 进行二次开发，从而实现系统对应急态势演化的模拟。

7.3.2 分布式交互仿真：HLA

高级体系结构（High Level Architecture，HLA）是用于产生计算机模型或仿真系统的软件体系结构，HLA 的显著特点是通过运行支撑环境（Run-time Infrastructure，RTI），提供通用的、相对独立的支撑服务程序，将仿真应用同底层的支撑环境分开，即将具体的仿真功能实现、仿真运行管理和底层通信传输三者分离，隐蔽了各自的实现细节，从而使各部分可以相对独立地进行开发，并能利用各自领域的先进技术。

在 HLA 中，将用于实现某一特定仿真目的的分布式仿真系统称为联邦（Federation），它是由联邦成员（Federate）、联邦对象模型（Federation Object Model，FOM）、仿真对象模型（Simulation Object Model，SOM）和运行支撑框架（Run-time Infrastructure，RTI）构成的集合。参与联邦的所有应用都称为联邦成员，简称成员。FOM 中定义了参加联邦的所有对象类和交互类以及它们的属性和参数信息。SOM 中定义了单个联邦对象的信息，包括对象、属性、交互和参数等。RTI 是一种通用的分布式交互仿真支撑软件，用于集成各种分布的联邦成员，在联邦运行时提供具有标准接口的服务。整个仿真过程称为联邦执行（Federation Execution）。模拟决策系统主要利用 HLA 的 RTI 技术实现数据交互和仿真时间同步两个主要功能。

7.4　系统开发及实现

7.4.1　系统开发环境

突发事件应急响应模拟决策系统的开发环境包括硬件环境和软件环境，具体信息如表 7－1 所示。系统主要使用当前主流的语言 Python 进行开发。

表 7－1　系统开发环境

硬件环境	通信服务器	Ubuntu Server 18.04 PC：CPU/Intel（R）至强 Xeon-E3，Intel i3、内存/32GB、硬盘/1TB
	数据库服务器	Ubuntu Server 18.04 PC：CPU/Intel（R）至强 Xeon-E3，Intel i3、内存/64GB、硬盘/4TB
	客户端	Window10 PC：CPU/Intel（R）Core（TM）i5-9500、内存/16GB、硬盘/1TB
软件环境	Sybase Power Designer16	数据库模型建立
	Oracle12g	仿真数据持久化
	PyCharm	子系统功能实现
	QGIS3.1.0 LTR	态势地图显示
	CVS	版本控制

7.4.2　HTN 规划器的实现

本书的 HTN 规划方法在著名的规划方法 SHOP2 的基础上进行二次开发而实现。SHOP2 是由知名智能规划专家 Nau 及其团队设计并开发的规划器。SHOP2 曾经在 2002 年国际规划大赛中取得优异成绩，同时 SHOP2 是开源的，因此很多研究者基于 SHOP2 来设计和开发 HTN 规划器。SHOP2 运用偏序任务分解的搜索控制策略，将任务分解成子任务，在规划过程中显式表示每个规划步骤执行后的规划状态，且规划方案生成次序与其执行次序相同。SHOP2 能够进行公理推导、符号数值混合计算，并可以调用外部函数，且易于描述规划领域。

Nau 团队公开了 SHOP2 的 3 个不同语言的版本，一共有：Lisp、Java 和 Python 的版本。Lisp 是一门历史悠久的计算机语言，它可以有效处理符号信息，特别适合用于人工智能的程序开发。本书第 3 章到第 6 章中的 HTN 规划方法就是基于 SHOP2 的 Lisp 版本，使用 Common Lisp 语言进行实现的。Java 版本的 SHOP2 被命名为 JSHOP2，可以十分方便地在 Java 语言的程序中使用，被广大 Java 程序开发者使用和喜爱。Python 版本的 SHOP2 基于 Python 语言进行开发，由于 Python 语言的易用性和开放性，使得 Python 版本的 SHOP2 能够很好地集成到复杂的系统中。本章的突发事件应急响应模拟决策系统主要使用 Python 语言进行开发，因此选用 Python 版本的 SHOP2 为基础实现系统中的 HTN 规划方法。

7.5　本章小结

针对城市遭遇强降雨的情况下可能出现的突发事件，本章设计了突发事件应急响应模拟决策系统。系统实现了突发事件应急态势的演化模拟、应急决策者和参与者的决策过程模拟、应急任务规划过程等功能。首先，对系统进行了目标分析与边界定义；其次，分析系统的关键技术；最后，设计了系统的主体架构并配置了系统的软硬件开发环境，介绍系统的具体实现过程。

本系统为基于 HTN 的应急任务规划方法提供了验证和实验平台，不仅能够模拟突发事件或灾害演化过程、应急决策过程和应急行动执行过程，而且能够全面反映突发事件应急决策过程的特征，有助于应急决策人员提高决策能力，熟悉应急处置流程，其模拟结果可为后续突发事件应急决策提供参考。在未来的研究工作中，将进一步结合实时应急指挥系统，更加真实地对突发事件应急响应进行模拟，从而在实际突发事件应急过程中发挥更大的作用。

参 考 文 献

［1］ 国务院. 国家突发公共事件总体应急预案［R/OL］.（2006-01-08）［2006-01-08］. http://www. gov. cn/yjgl/2006-01/08/content_21048. htm.

［2］ 范维澄. 国家突发公共事件应急管理中科学问题的思考和建议［J］. 中国科学基金, 2007, 2 (71)：71-76.

［3］ 习近平. 构建起强大的公共卫生体系, 为维护人民健康提供有力保障［J］. 求实, 2020, 4 (10)：4-7.

［4］ 王红卫, 祁超. 基于层次任务网络规划的应急响应决策理论与方法［M］. 北京：科学出版社, 2015.

［5］ 翟晓敏, 盛昭瀚, 何建敏. 应急研究综述与展望［J］. 系统工程理论与实践, 1998 (7)：17-24.

［6］ 计雷. 突发事件应急管理［M］. 北京：高等教育出版社, 2005.

［7］ LINDELL M K, PRATER C, PERRY R W. Wiley pathways introduction to emergency management［M］. John Wiley & Sons, 2006.

［8］ COSGRAVE J. Decision making in emergencies［J］. Disaster Prevention and Management：An International Journal, 1996, 5 (4)：28-35.

［9］ YANG Q. Formalizing planning knowledge for hierarchical planning［J］. Computational intelligence, 1990, 6 (1)：12-24.

［10］ ALFORD R, SHIVASHANKAR V, KUTER U, et al. HTN problem spaces：Structure, algorithms, termination［C］. SOCS. 2012.

［11］ GEORGIEVSKI I, AIELLO M. HTN planning：Overview, comparison, and beyond［J］. Artificial Intelligence, 2015, 222：124-156.

［12］ GHALLAB M, Nau D, Traverso P. Automated Planning：theory and practice［M］. Elsevier, 2004.

［13］ RUSSELL S J, NORVIG P. Artificial intelligence - A modern approach (third edition)［M］. Pearson Education, 2010.

［14］ SACERDOTI E D. The nonlinear nature of plans［C］. Advance Papers of the Fourth International Joint Conference on Artificial Intelligence. 1975：206-214.

［15］ TATE A. Generating project networks［C］. Proceedings of the 5th international joint conference on Artificial intelligence-Volume 2. Morgan Kaufmann Publishers Inc., 1977: 888-893.

[16] EROL K, NAU D S, SUBRAHMANIAN V S. Complexity, decidability and undecidability results for domain-independent planning [J]. Artificial Intelligence, 1995, 76 (1): 75-88.

[17] EROL K, HENDLER J, NAU D S. HTN planning: Complexity and expressivity [C]. AAAI. 1994, 94: 1123-1128.

[18] TSUNETO R, HENDLER J, NAU D. Analyzing external conditions to improve the efficiency of HTN planning [C]//AAAI/IAAI. 1998: 913-920.

[19] TATE A. Project planning using a hierarchic non-linear planner [M]. Department of Artificial Intelligence, University of Edinburgh, 1976.

[20] WILKINS D E. Can AI planners solve practical problems? [J]. Computational intelligence, 1990, 6 (4): 232-246.

[21] TATE A, DRABBLE B, KIRBY R. O-plan2: an open architecture for command, planning and control [C]//Intelligent Scheduling. Citeseer, 1994: 213-239.

[22] DE LA ASUNCIÓN M, CASTILLO L, FDEZ-OLIVARES J, et al. SIADEX: An interactive knowledge-based planner for decision support in forest fire fighting [J]. AI Communications, 2005, 18 (4): 257-268.

[23] NAU D S, AU T C, ILGHAMI O, et al. SHOP2: An HTN planning system [J]. Journal of Artificial Intelligence Research, 2003, 20: 379-404.

[24] CHIEN S, SMITH B, RABIDEAU G, et al. Automated planning and scheduling for goal-based autonomous spacecraft [J]. IEEE Intelligent Systems, 1998, 13 (5): 50-55.

[25] XU K, MUÑOZ-AVILA H. CaBMA: case-based project management assistant [C]. AAAI. 2004: 931-936.

[26] SIRIN E, PARSIA B, WU D, et al. HTN planning for web service composition using shop2 [J]. Web Semantics: Science, Services and Agents on the World Wide Web, 2004, 1 (4): 377-396.

[27] OBST O, BOEDECKER J. Flexible coordination of multiagent team behavior using HTN planning [M]. RoboCup 2005: Robot Soccer World Cup IX. Springer, 2006: 521-528.

[28] GEORGIEVSKI I, AIELLO M. HTN planning: Overview, comparison, and beyond [J]. Artificial Intelligence, 2015, 222: 124-156.

［29］ 王红卫，王剑，祁超，等. 基于层次任务网络的应急响应决策方法及其应用［J］. 中国应急管理，2013（7）：10-19.

［30］ 韩智勇，翁文国，张维，等. 重大研究计划"非常规突发事件应急管理研究"的科学背景，目标与组织管理［J］. 中国科学基金，2009（4）：215-220.

［31］ ÖZDAMAR L，EKINCI E，KÜÇÜKYAZICI B. Emergency logistics planning in natural disasters［J］. Annals of operations research，2004，129（1-4）：217-245.

［32］ HAGHANI A，OH S C. Formulation and solution of a multicommodity，multi-modal network flow model for disaster relief operations［J］. Transportation Research Part A：Policy and Practice，1996，30（3）：231-250.

［33］ SHEU J B. An emergency logistics distribution approach for quick response to urgent relief demand in disasters［J］. Transportation Research Part E：Logistics and Transportation Review，2007，43（6）：687-709.

［34］ 缪成. 突发公共事件下应急物流中的优化运输问题的研究［D］. 同济大学，2007.

［35］ 王婧. 不确定条件下应急物资多式联运调度模型研究［D］. 华中科技大学，2013.

［36］ 王永明. 基于情景构建的应急预案体系优化策略及方法［J］. 中国安全生产科学技术，2019，15（8）：38－43.

［37］ 张超，裴玉起，邱华. 国内外数字化应急预案技术发展现状与趋势［J］. 中国安全生产科学技术，2010，6（5）：154-158.

［38］ 邵瑜. 德国的危机预防信息系统［J］. 信息化建设，2005（8）：46-48.

［39］ 詹美蓉，谢忠杭，蔡少健，等. 突发公共卫生事件应急预案评价指标体系构建初探［J］. 预防医学论坛，2019，25（3）：190-193.

［40］ 姜仁贵，王小杰，解建仓，等. 城市内涝应急预案管理研究与应用［J］. 灾害学，2018，33（2）：146-150.

［41］ 查俊，吕运容，朱建新，等. 石化企业突发事件应急预案形式化建模方法［J］. 自动化仪表，2017，38（6）：12-14.

［42］ 贺顺德，张志红，崔鹏，马莅茗. 水库大坝安全管理应急预案编制实践和思考［J］. 中国水利，2019（12）：33－36＋25.

［43］ 汪季玉，王金桃. 基于案例推理的应急决策支持系统研究［J］. 管理科学，2004（6）：46-51.

［44］ KRUPKA J，KASPAROVA M，JIRAVA P. Case-based reasoning model in process of emergency management［M］. Man-Machine Interactions. Springer，2009.

［45］ AAMODT A, PLAZA E. Case-based reasoning: Foundational issues, methodological varia-tions, and system approaches ［J］. AI communications, 1994, 7 (1): 39-59.

［46］ CHAKRABORTY B, GHOSH D, RANJAN R, et al. Knowledge management with case-based reasoning applied on fire emergency handling ［C］. Industrial Informatics (INDIN), 2010 8th IEEE International Conference on. IEEE, 2010: 708-713.

［47］ LIU W, HU G, LI J. Emergency resources demand prediction using case-based reasoning ［J］. Safety science, 2012, 50 (3): 530-534.

［48］ 刘浠. 面向城市应急指挥的智能决策系统的研究与实现 ［D］. 广东工业大学, 2007.

［49］ 张丽圆. 基于案例推理的煤矿瓦斯应急决策研究与应用 ［D］. 中国矿业大学, 2014.

［50］ MUÑOZ-AVILA H, AHA D W, NAU D S, et al. SiN: Integrating case-based reasoning with task decomposition ［R］. DTIC Document, 2001.

［51］ MUÑOZ-AVILA H, AHA D W, BRESLOW L, et al. HICAP: An Interactive Case-Based Planning Architecture and its Application to Noncombatant Evacuation Operations ［C］. AAAI/IAAI. 1999: 870-875.

［52］ NAU D, CAO Y, LOTEM A, et al. SHOP: Simple hierarchical ordered planner ［C］. Proceedings of the 16th IJCAI-Volume 2. Morgan Kaufmann Publishers Inc., 1999: 968-973.

［53］ Breslow L, Aha D. NaCoDAE: Navy conversational decision aids environment ［R］. Tech-nical Report AIC-97-018, NCARAI, Naval Research Laboratory, Washington, DC, 1998.

［54］ MURDOCK W J, AHA D W, BRESLOW L A. Ahead: case-based process model explanation of asymmetric threats ［J］. Navy Center for Applied Research in Artificial Intelligence, 2002.

［55］ TECUCI G, BOICU M, MARCU D, et al. Teaching virtual experts for multi-domain collab-orative planning ［J］. Journal of Software, 2008, 3 (3): 38-59.

［56］ TANG P, WANG H, QI C, et al. Anytime heuristic search in temporal HTN planning for developing incident action plans ［J］. AI Communications, 2012, 25 (4): 321-342.

［57］ WANG Z, WANG H W, QI C, et al. A resource enhanced HTN planning approach for emergency decision-making ［J］. Applied intelligence, 2013, 38 (2): 226-238.

［58］ ZHOU C, WANG H, ZHUO H H. A multi-agent coordinated planning approach for dead-line required emergency response tasks ［J］. IET Control Theory & Applications, 2014, 9 (3): 447-455.

［59］ QI C, WANG D, MUÑOZ-AVILA H, et al. Hierarchical task network planning with resources and temporal constraints [J]. Knowledge Based Systems, 2017, 133: 17-32.

[60] LIU D, WANG H, QI C, et al. Hierarchical task network-based emergency task planning with incomplete information, concurrency and uncertain duration [J]. Knowledge-Based Systems, 2016, 112: 67-79.

[61] POLICELLA N, WANG X, SMITH S F, et al. Exploiting temporal flexibility to obtain high quality schedules [C]. AAAI. 2005.

[62] MORRIS R, MORRIS P, KHATIB L, et al. Temporal constraint reasoning with preferences and probabilities [C]. Proceedings of the IJCAI-05 Multidisciplinary Workshop on Advances in Preference Handling. 2005: 150-155.

[63] MOUHOUB M, SUKPAN A. Managing temporal constraints with preferences [J]. Spatial Cognition & Computation, 2008, 8 (1-2): 131149.

[64] MUSCETTOLA N. HSTS: Integrating planning and scheduling [R]. DTIC Document, 1993.

[65] PENBERTHY J S, WELD D S. Temporal planning with continuous change [C]. AAAI: volume 94. 1994: 1010-1015.

[66] SMITH D E, WELD D S. Temporal planning with mutual exclusion reasoning [C]. IJCAI: volume 99. 1999: 326-337.

[67] GEREVINI A, SAETTI A, SERINA I. An approach to temporal planning and scheduling in domains with predictable exogenous events [J]. Journal of Artificial Intelligence Research, 2006, 25: 187-231.

[68] EYERICH P, MATTMÜLLER R, RÖGER G. Using the context enhanced additive heuristic for temporal and numeric planning [M]. Towards Service Robots for Everyday Environments. Springer, 2012.

[69] KHATIB L, MORRIS P, MORRIS R, et al. Temporal constraint reasoning with preferences [C]. IJCAI. 2001: 322-327.

[70] KUMAR T S. A polynomial-time algorithm for simple temporal problems with piecewise constant domain preference functions [C]. AAAI. 2004: 67-72.

[71] SON T C, PONTELLI E. Planning with preferences using logic programming [J]. Theory and Practice of Logic Programming, 2006, 6 (05): 559-607.

[72] BENTON J, DO M, KAMBHAMPATI S. Anytime heuristic search for partial satisfaction planning [J]. Artificial Intelligence, 2009, 173 (5): 562-592.

[73] HADDAWY P, HANKS S. Representations for decision-theoretic planning: Utility functions

for deadline goals [C]. Proceedings of the Third International Conference on Principles of Knowledge Representation and Reasoning. 1992: 71-82.

[74] GEREVINI A, LONG D. Plan constraints and preferences in PDDL3 [R]. Technical Report 2005-08-07, Department of Electronics for Automation, University of Brescia, Brescia, Italy, 2005.

[75] GEREVINI A E, HASLUM P, LONG D, et al. Deterministic planning in the fifth international planning competition: PDDL3 and experimental evaluation of the planners [J]. Artificial Intelligence, 2009, 173 (5): 619-668.

[76] EDELKAMP S, JABBAR S, NAIZIH M. Large-scale optimal PDDL3 planning with MIPS-XXL [C]. 5th International Planning Competition Booklet (IPC-2006), 2006: 28-30.

[77] HSU C W, WAH B W, HUANG R, et al. New features in SGPlan for handling preferences and constraints in PDDL3. 0 [C]. Proceedings of the Fifth International Planning Competition. Citeseer, 2006: 39-42.

[78] CUSHING W, KAMBHAMPATI S, WELD D S, et al. When is temporal planning really temporal? [C]. Proceedings of the 20th international joint conference on Artifical intelligence. Morgan Kaufmann Publishers Inc. , 2007: 1852-1859.

[79] COLES A J, COLES A. LPRPG-P: Relaxed plan heuristics for planning with preferences [C]. ICAPS. 2011.

[80] BENTON J, COLES A J, COLES A. Temporal planning with preferences and time-dependent continuous costs [C]. ICAPS. 2012.

[81] BAIER J A, MCILRAITH S A. On domain-independent heuristics for planning with qualitative preferences [C]. AAAI Spring Symposium: Logical Formalizations of Commonsense Reasoning. 2007: 7-12.

[82] BAIER J A, BACCHUS F, MCILRAITH S A. A heuristic search approach to planning with temporally extended preferences [J]. Artificial Intelligence, 2009, 173 (5): 593-618.

[83] CASTILLO L, FDEZ-OLIVARES J, GARCíA-PéREZ, et al. Temporal enhancements of an HTN planner [C]//Conference of the Spanish Association for Artificial Intelligence. Springer, Berlin, Heidelberg, 2005: 429-438.

[84] ALLEN J F. Maintaining knowledge about temporal intervals [J]. Communications of the ACM, 1983, 26 (11): 832-843.

[85] DECHTER R, MEIRI I, PEARL J. Temporal constraint networks [J]. Artificial intelli-

gence, 1991, 49 (1): 61-95.

[86] DECHTER R. Constraint processing [M]. Morgan Kaufmann, 2003.

[87] COLES A, FOX M, HALSEY K, et al. Managing concurrency in temporal planning using planner-scheduler interaction [J]. Artificial Intelligence, 2009, 173 (1): 1-44.

[88] MOFFITT M D, POLLACK M E. Temporal preference optimization as weighted constraint satisfaction [C]. Proceedings of The National Conference on Artificial Intelligence. Menlo Park, CA, 2006: 110-116.

[89] ROSSI F, VENABLE K B, WALSH T. Preferences in constraint satisfaction and optimization [J]. AI Magazine, 2009, 29 (4): 58-68.

[90] ROSSI F, VAN BEEK P, WALSH T. Handbook of constraint programming [M]. Elsevier, 2006.

[91] ALTAY N, GREEN III W G. OR/MS research in disaster operations management [J]. European Journal of Operational Research, 2006, 175 (1): 475-493.

[92] HAYASHI H, TOKURA S, HASEGAWA T, et al. Dynagent: An incremental forward-chaining HTN planning agent in dynamic domains [M]. Declarative Agent Languages and Technologies III. Springer, 2006: 171-187.

[93] LEMAI S, INGRAND F. Interleaving temporal planning and execution: Ixtet-exec [C]. Proceedings of the ICAPS Workshop on Plan Execution. Citeseer, 2003.

[94] WARFIELD I, HOGG C, LEE-URBAN S, et al. Adaptation of hierarchical task network plans [C]. FLAIRS Conference. 2007: 429-434.

[95] WU F, WANG H, QI C, et al. Emergency logistics distribution plan adjustment for executive exceptions [C]. Conference Anthology, IEEE. IEEE, 2013: 1-5.

[96] MIGUEL I, SHEN Q. Fuzzy rrDFCSP and planning [J]. Artificial Intelligence, 2003, 148 (1): 11-52.

[97] SHI L, SUN J, LU S, et al. Flexible planning using fuzzy description logics: Theory and application [J]. Applied Soft Computing, 2009, 9 (1): 142-148.

[98] LABORIE P, GHALLAB M. IxTeT: an integrated approach for plan generation and scheduling [C]. Emerging Technologies and Factory Automation, 1995.

[99] DE LA ASUNCIÓN M, CASTILLO L, FDEZ-OLIVARES J, et al. Knowledge and plan execution management in planning fire fighting operations [C]. Planning, Scheduling, and Constraint Satisfaction: From Theory to Practice. Citeseer, 2005.

［100］ DE LA ASUNCIÓN M, CASTILLO L, FERNÁNDEZ-OLIVARES J, et al. Handling fuzzy temporal constraints in a planning environment ［J］. Annals of Operations Research, 2007, 155（1）: 391-415.

［101］ VILA L, GODÓ L. On fuzzy temporal constraint networks ［J］. Mathware and Soft Computing, 1994, 1（3）: 315-334.

［102］ MARÍN R, CÁRDENAS M, BALSA M, et al. Obtaining solutions in fuzzy constraint networks ［J］. International Journal of Approximate Reasoning, 1997, 16（3）: 261-288.

［103］ CESTA A, FRATINI S, ORLANDINI A, et al. Flexible plan verification: Feasibility results ［J］. Fundamenta Informaticae, 2011, 107（2-3）: 111-137.

［104］ CESTA A, FINZI A, FRATINI S, et al. Analyzing flexible time line based plans ［C］. ECAI: Volume 215. 2010: 471-476.

［105］ CESTA A, FINZI A, FRATINI S, et al. Validation and verification issues in a timeline-based planning system ［J］. The Knowledge Engineering Review, 2010, 25（3）: 299-318.

［106］ CESTA A, ODDI A. Gaining efficiency and flexibility in the simple temporal problem ［C］. Proceedings Third International Workshop on Temporal Representation and Reasoning （TIME96）. IEEE, 1996: 45-50.

［107］ VIDAL T. Handling contingency in temporal constraint networks: from consistency to control abilities ［J］. Journal of Experimental & Theoretical Artificial Intelligence, 1999, 11（1）: 23-45.

［108］ SHERWOOD R, ENGELHARDT B, RABIDEAU G, et al. Aspen, automatic scheduling and planning environment ［R］. Technical Report D-15482, JPL, 2000.

［109］ ORLANDINI A, FINZI A, CESTA A, et al. TGA-based controllers for flexible plan execution ［M］//KI 2011: Advances in Artificial Intelligence. Springer, 2011: 233-245.

［110］ MALER O, PNUELI A, SIFAKIS J. On the synthesis of discrete controllers for timed systems ［C］. STACS 95. Springer, 1995: 229242.

［111］ BEHRMANN G, COUGNARD A, DAVID A, et al. Uppaal-tiga: Time for playing games! ［C］. Computer Aided Verification. Springer, 2007: 121-125.

［112］ WILSON M, KLOS T, WITTEVEEN C, et al. Flexibility and decoupling in simple temporal networks ［J］. Artificial Intelligence, 2014, 214: 26-44.

［113］ POLICELLA N, CESTA A, ODDI A, et al. From precedence constraint posting to partial order schedules a CSP approach to robust scheduling [J]. AI Communications, 2007, 20 (3): 163-180.

[114] CESTA A, ODDI A, SMITH S F. Profile-based algorithms to solve multiple capacitated metric scheduling problems [C]. AIPS. 1998: 214-223.

[115] HUNSBERGER L. Algorithms for a temporal decoupling problem in multi-agent planning [J]. AAAI/IAAI, 2002, 2002: 468-475.

[116] EROL K, HENDLER J, NAU D S. Complexity results for HTN planning [J]. Annals of Mathematics and Artificial Intelligence, 1996, 18 (1): 69-93.

[117] EROL K, HENDLER J A, NAU D S. UMCP: A sound and complete procedure for hierarchical task-network planning [C]. AIPS: Volume 94. 1994: 249-254.

[118] LABORIE P. Algorithms for propagating resource constraints in ai planning and scheduling: Existing approaches and new results [C]. Sixth European Conference on Planning, 2014.

[119] KATZ M, DOMSHLAK C. Implicit abstraction heuristics [J]. Journal of Artificial Intelligence Research, 2010, 39 (1): 51-126.

[120] DOMSHLAK C, KARPAS E, MARKOVITCH S. To max or not to max: Online learning for speeding up optimal planning [C]. AAAI. 2010.

[121] KATZ M. Implicit abstraction heuristics for cost-optimal planning [J]. AI Communications, 2011, 24 (4): 343-345.

[122] KISSMANN P, EDELKAMP S. Improving cost-optimal domain independent symbolic planning [C]. AAAI. 2011.

[123] HASLUM P, GEFFNER H. Heuristic planning with time and resources [C]. Proceedings of ECP: Volume 1. 2001: 121-132.

[124] HOFFMANN J, BRAFMAN R I. Conformant planning via heuristic forward search: A new approach [J]. Artificial Intelligence, 2006, 170 (6): 507-541.

[125] AKRAMIFAR S A, GHASSEM-SANI G. Fast forward planning by guided enforced hill climbing [J]. Engineering Applications of Artificial Intelligence, 2010, 23 (8): 1327-1339.

[126] RICHTER S, WESTPHAL M. The LAMA planner: Guiding cost based anytime planning with landmarks [J]. Journal of Artificial Intelligence Research, 2010, 39 (1): 127-177.

[127] ZIMMERMAN T, KAMBHAMPATI S. Generating parallel plans satisfying multiple criteria

in anytime fashion［C］. Proc. Workshop on Planning and Scheduling with Multiple Criteria（AIPS-2002）. 2002：56-66.

［128］ REFANIDIS I, VLAHAVAS I. Multiobjective heuristic state-space planning［J］. Artificial Intelligence, 2003, 145（1）：1-32.

［129］ DO M B, KAMBHAMPATI S. Sapa：A multi-objective metric temporal planner［J］. Journal of Artificial Intelligence Research, 2003, 20：155-194.

［130］ GEREVINI A E, SAETTI A, SERINA I. An approach to efficient planning with numerical fluents and multi-criteria plan quality［J］. Artificial Intelligence, 2008, 172（8）：899-944.

［131］ KHOUADJIA M R, SCHOENAUER M, VIDAL V, et al. Multiobjective AI planning：comparing aggregation and pareto approaches［M］. Springer, 2013.

［132］ KHOUADJIA M, SCHOENAUER M, VIDAL V, et al. Pareto-based multiobjective AI planning［C］. Proceedings of the Twenty-Third international joint conference on Artificial Intelligence. AAAI Press, 2013.

［133］ VIDAL V, et al. A lookahead strategy for heuristic search planning［C］. ICAPS. 2004：150-160.

［134］ SCHOENAUER M, SAVÉANT P, VIDAL V. Divide-and-evolve：a sequential hybridization strategy using evolutionary algorithms［M］. Advances in Metaheuristics for Hard Optimization. Springer, 2008：179-198.

［135］ 刘匡宇. 面向 HTN 规划的应急领域知识建模［D］. 华中科技大学, 2012.